STEAL THIS FLASH PRESENTS
TATTOO ARTIST'S BLACK LETTER BIBLE

©2020 CJ HUGHES FOR STEAL THIS FLASH

60+ Alphabets to use in your tattoo designs.
You are free to copy, trace and manipulate these
alphabets to suit your needs.

Please do not digitize, upload or share our books.
Making money on our books is what drives us to
keep producing new titles.

All alphabets are presented in outline form which
makes them easier to trace and use in your
tattoo layouts.

SEE ALL OF OUR TITLES AT:
STEALTHISFLASH.com

OR SEARCH
"STEAL THIS FLASH"
ON AMAZON

1 2 3 4 5
6 7 8 9 0

1 2 3 4 5
6 7 8 9 0

1 2 3 4 5
6 7 8 9 0

1 2 3 4 5
6 7 8 9 0

1 2 3 4 5
6 7 8 9 0

1 2 3 4 5
6 7 8 9 0

abcdefghi
jklmnopqr
stuvwxyz

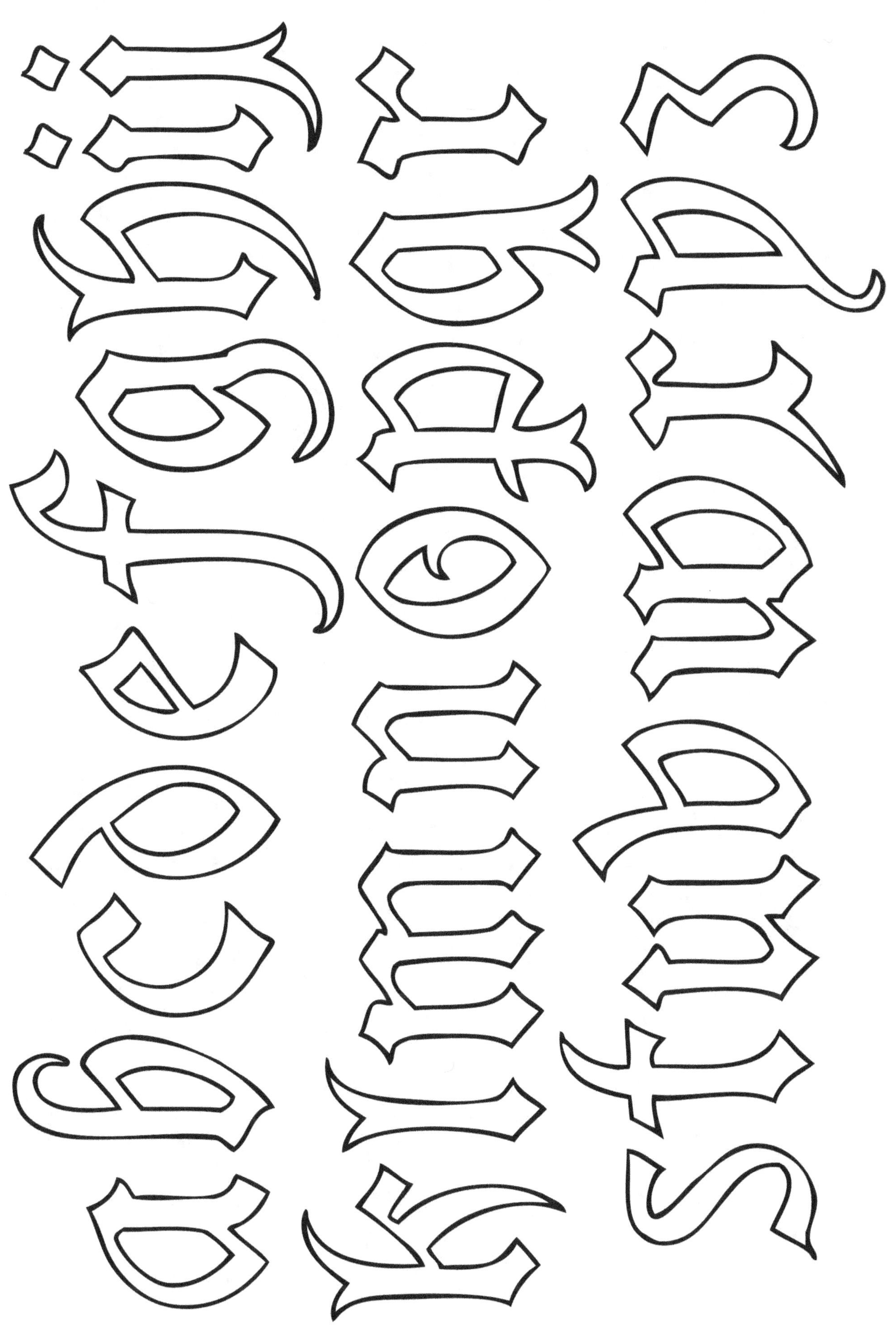

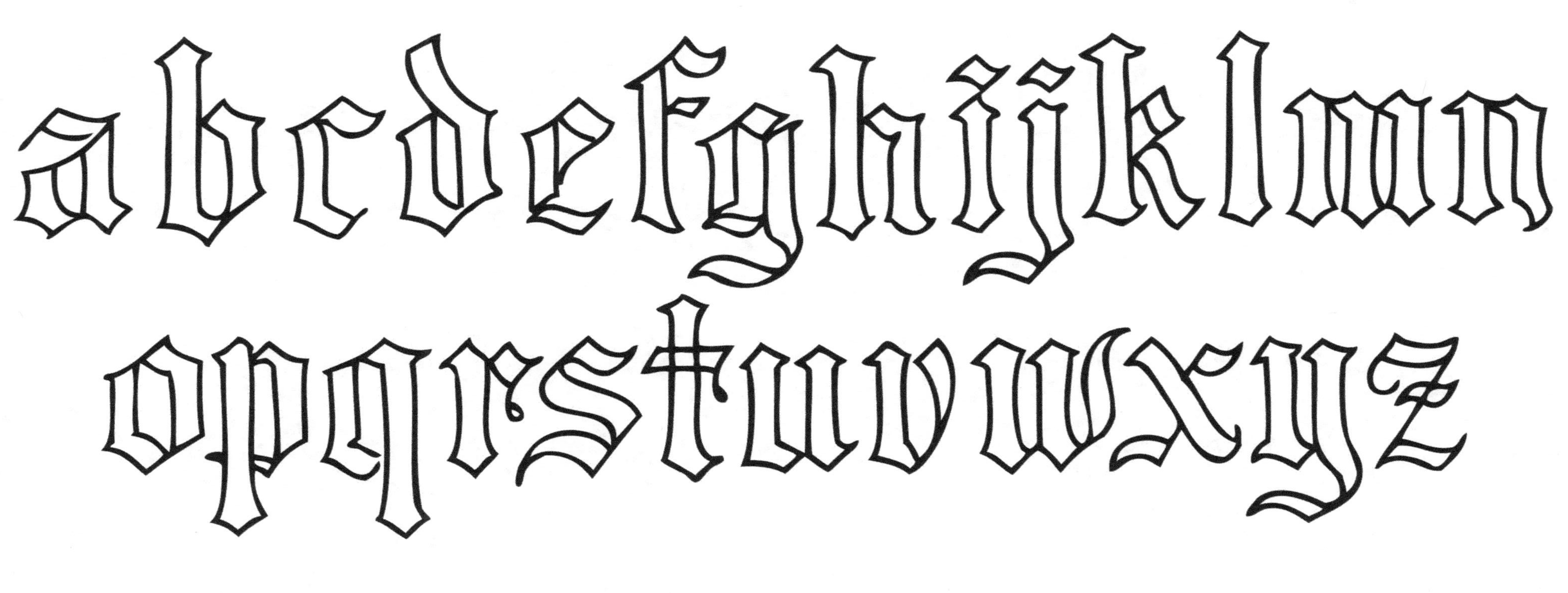

abcdefghijklmn
opqrstuvwxyz

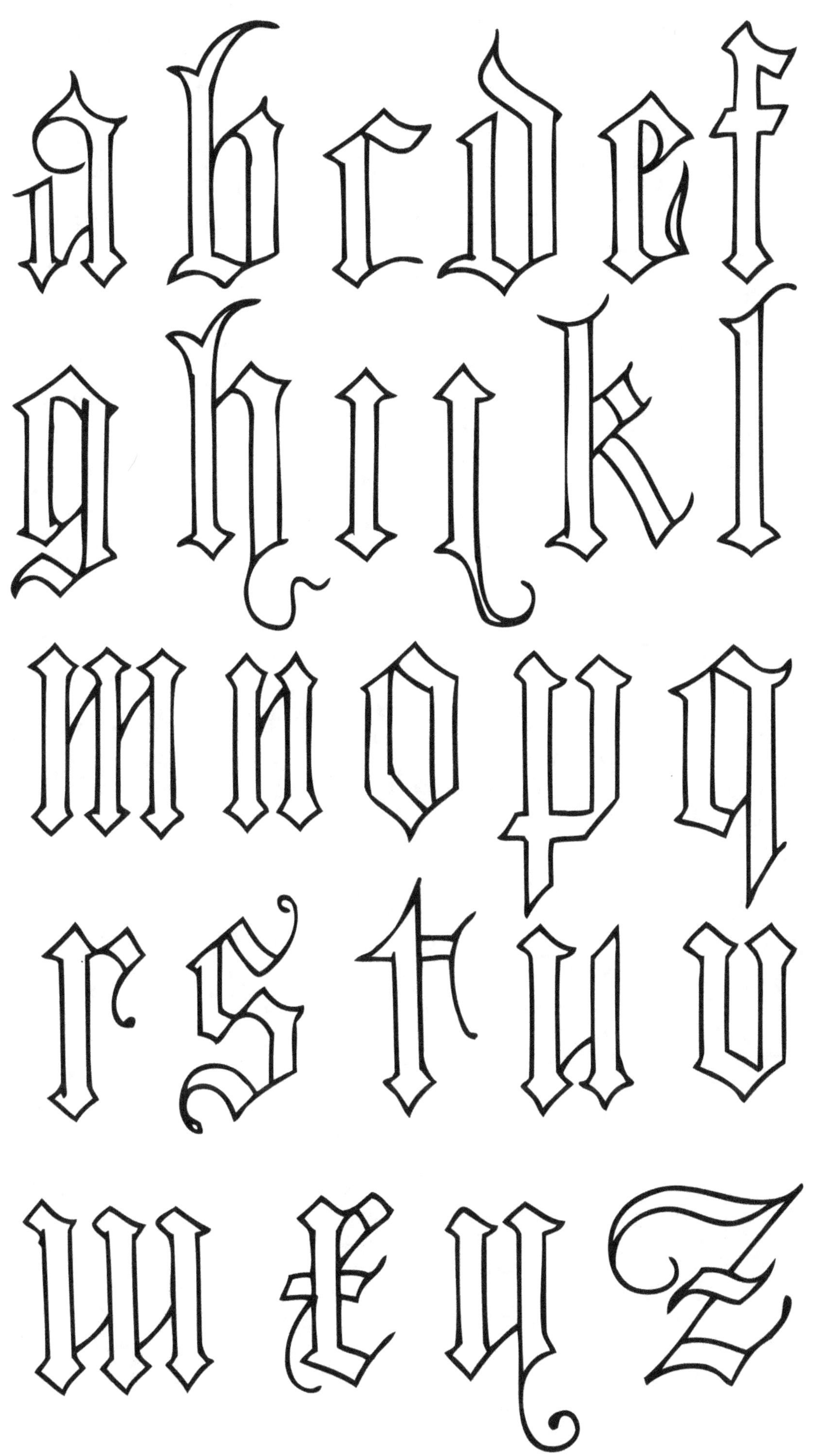

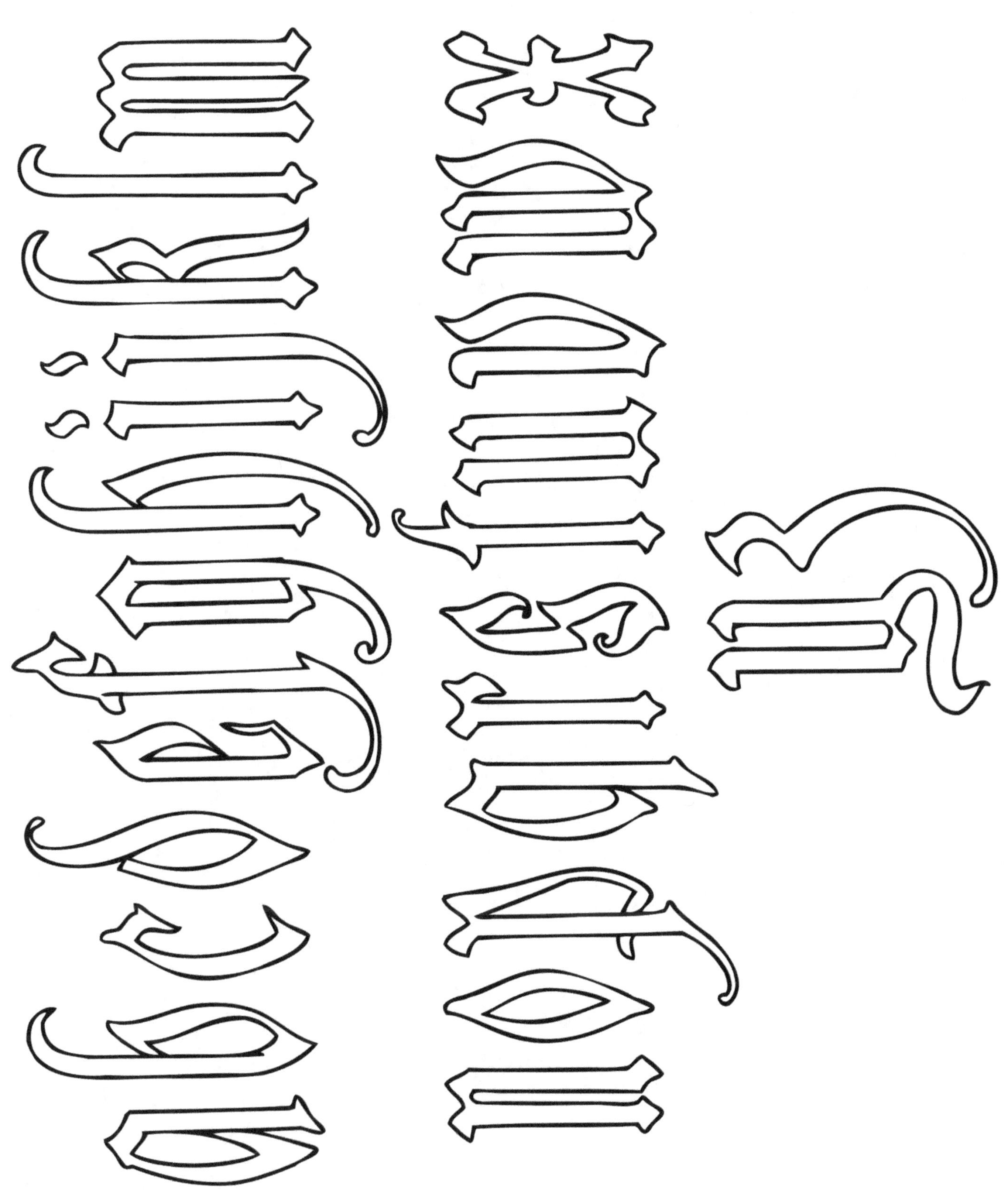

a b c d e f g h i

j k l m n o p q r

s t u v w x y z

abcdefgh
ijklmnopqr
stuvwxyz

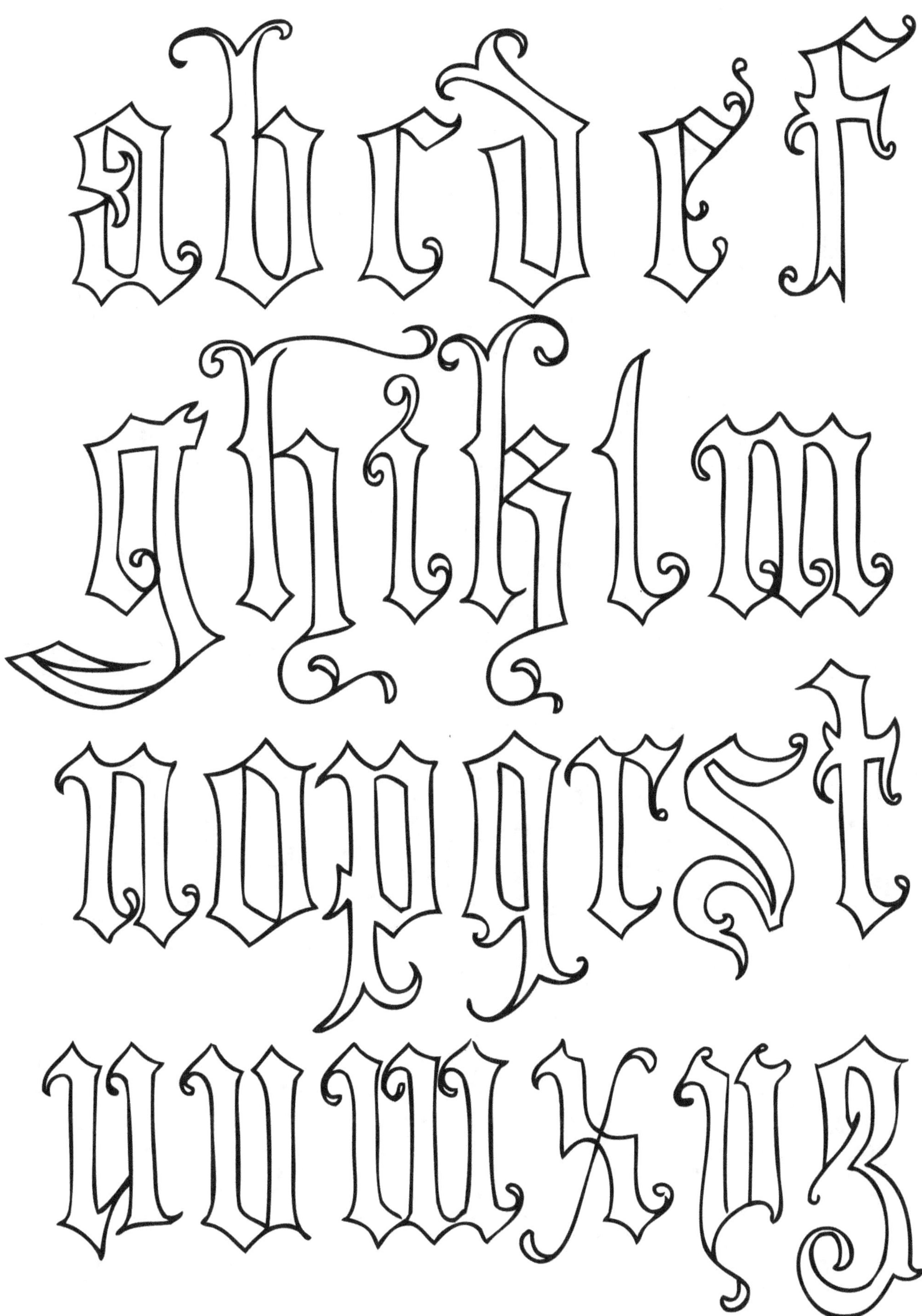

ABCDEFGHIJKL
MNOPQRSTUV
abcde WXYZ fghijk
lmnopqr ! stuvwxyz

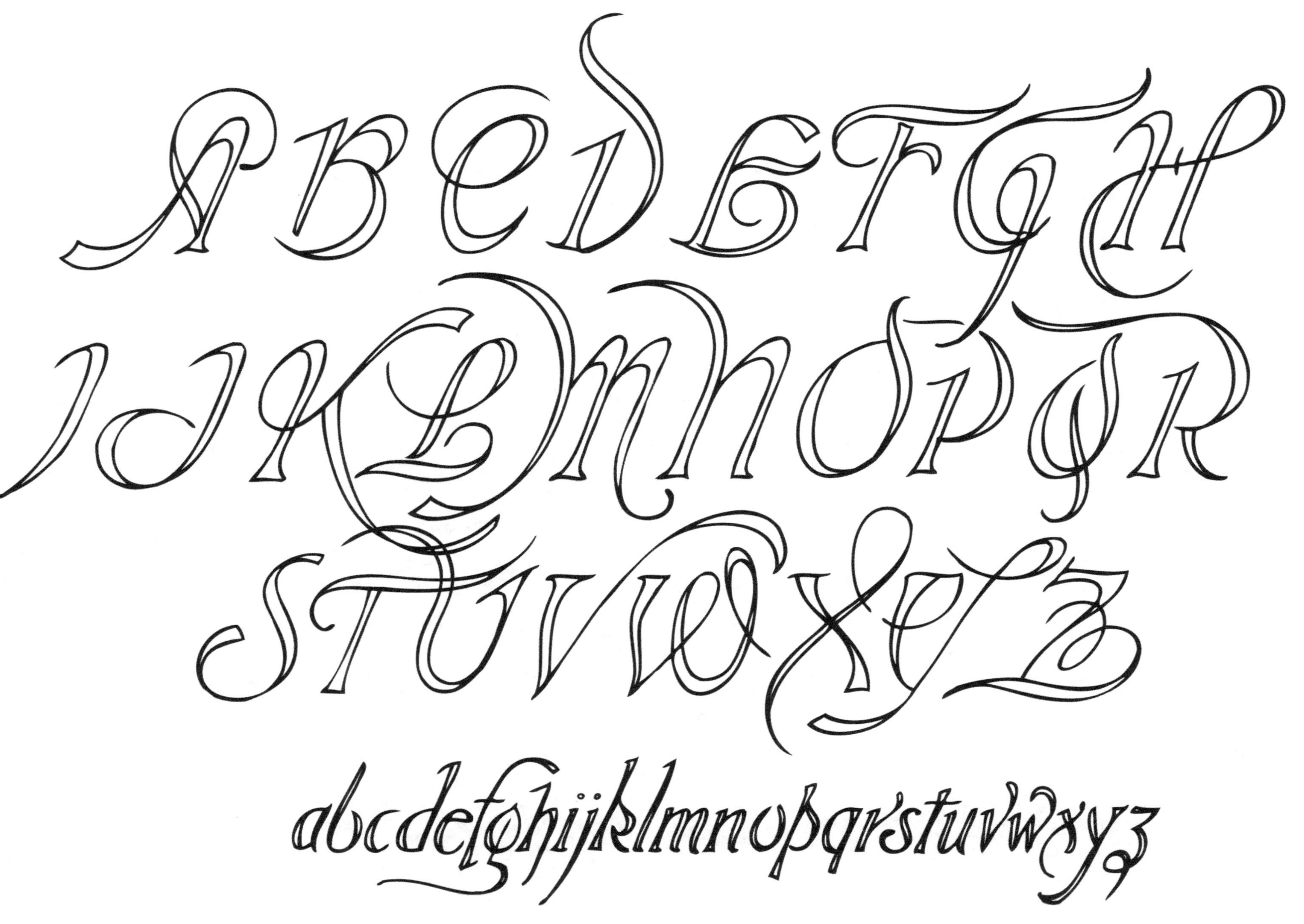
ABCDEFGH
IJKLMNOPQR
STUVWXYZ
abcdefghijklmnopqrstuvwxyz

ABCDEFG
HIJKLMN
OPQRST
UVWXYZ

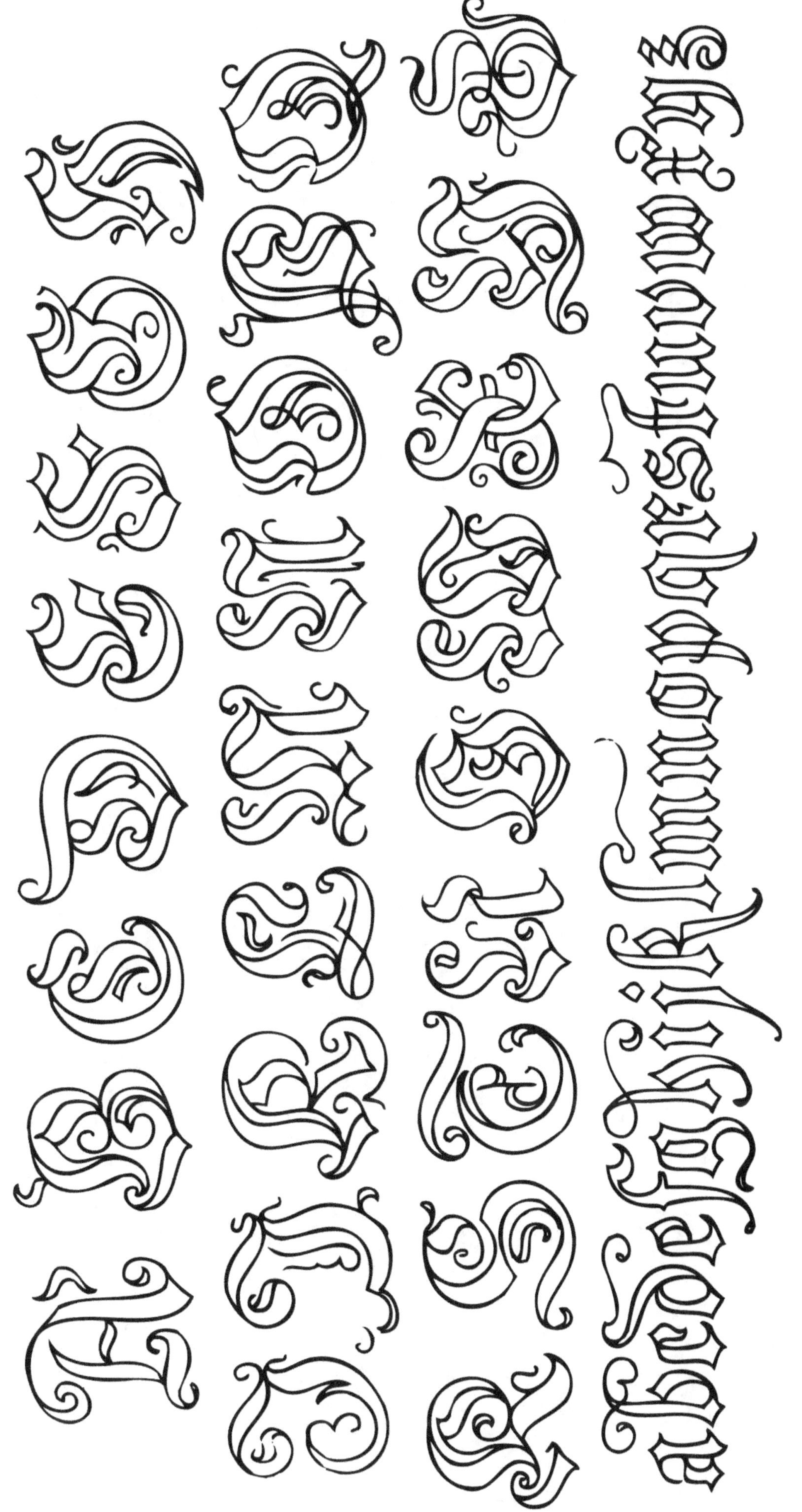

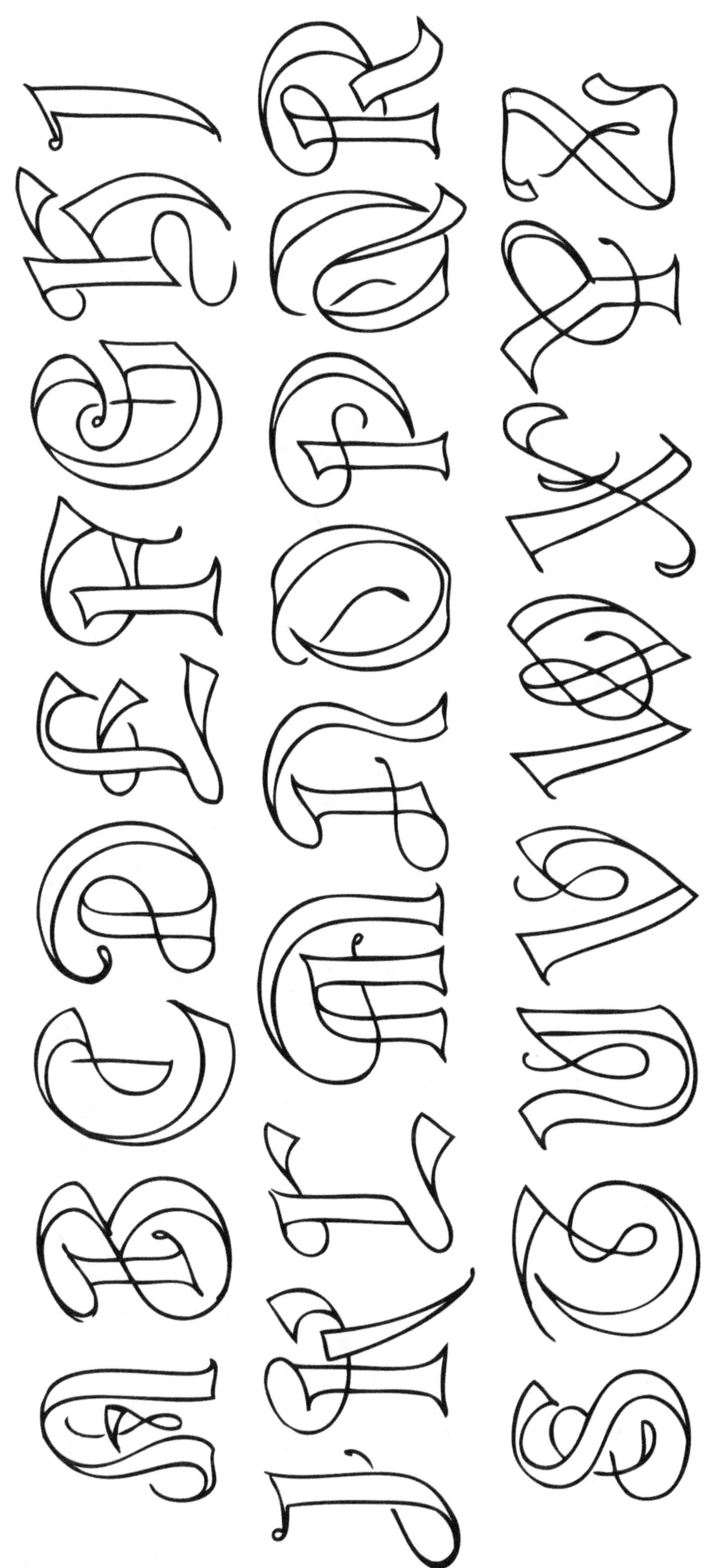

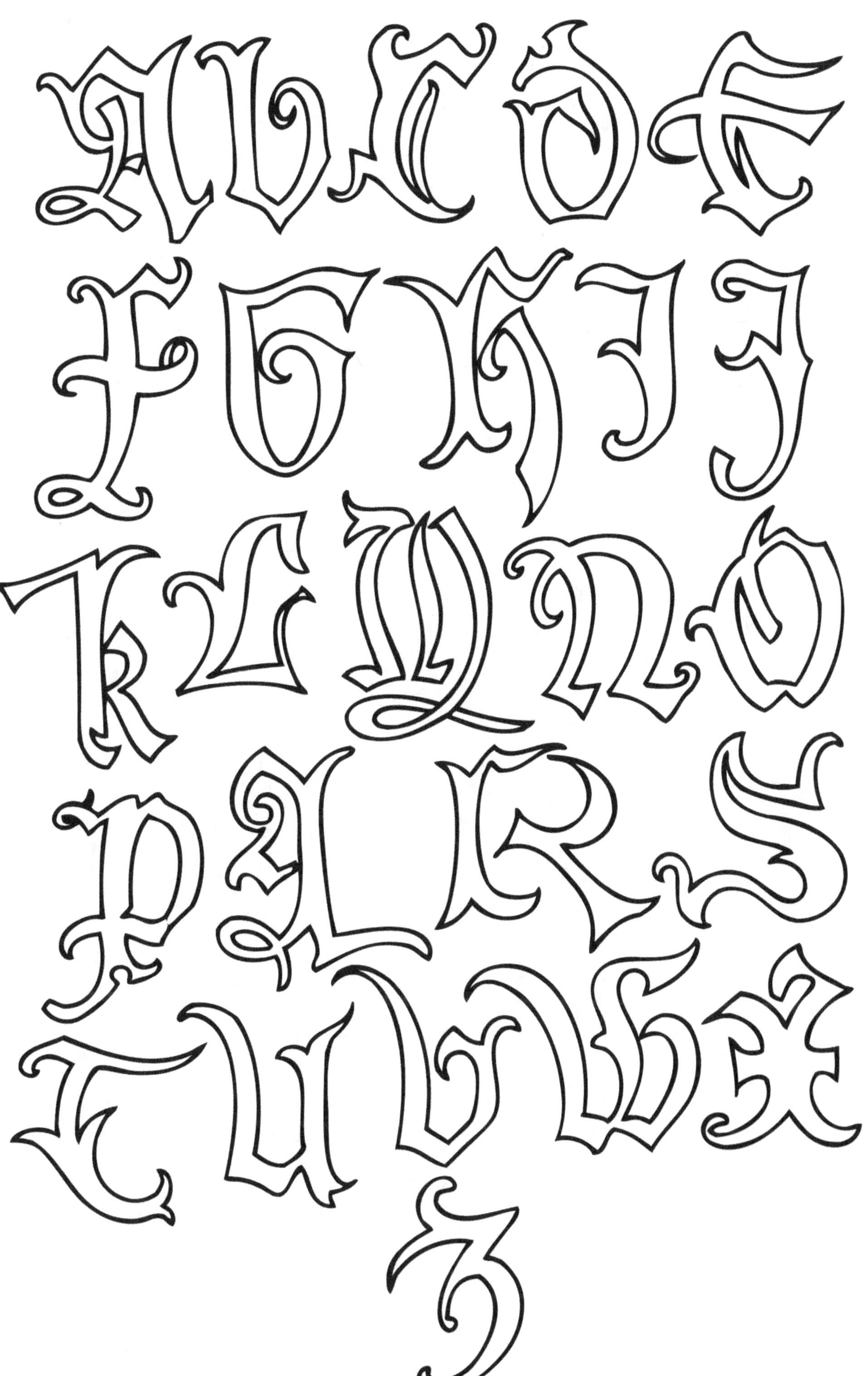

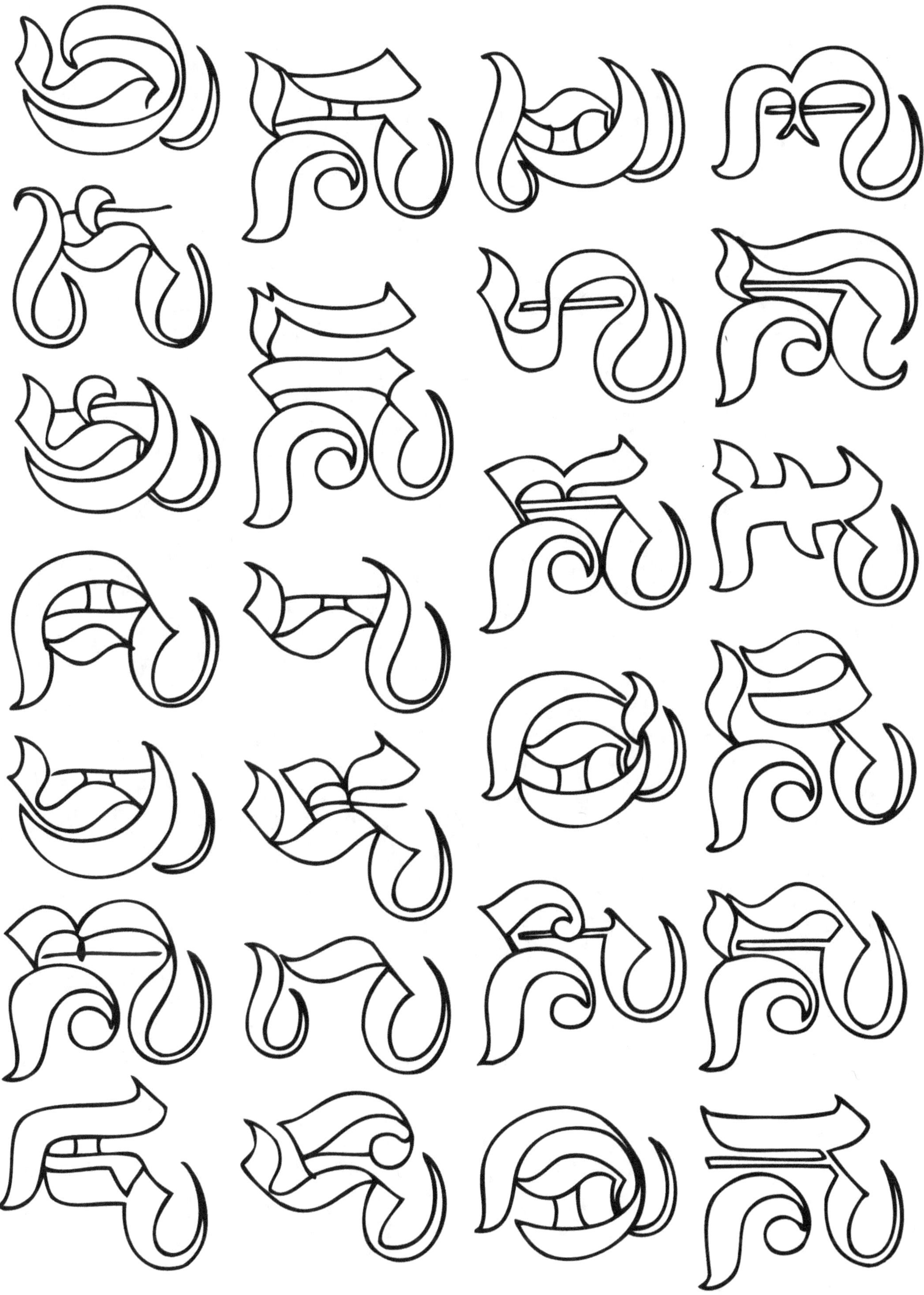

A B C D E
F G H I J
K L M N
O P Q R
S T U V
W X Y Z

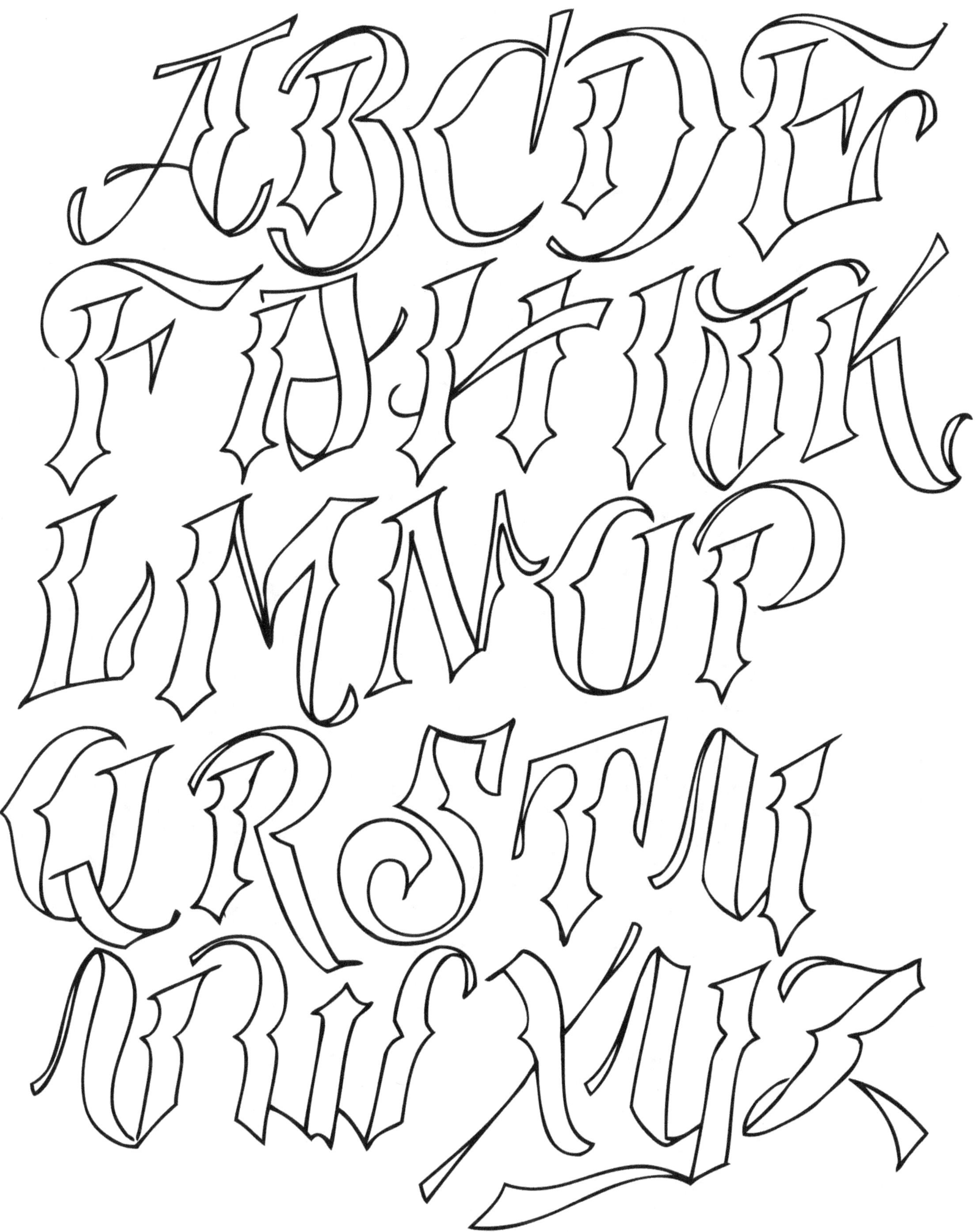

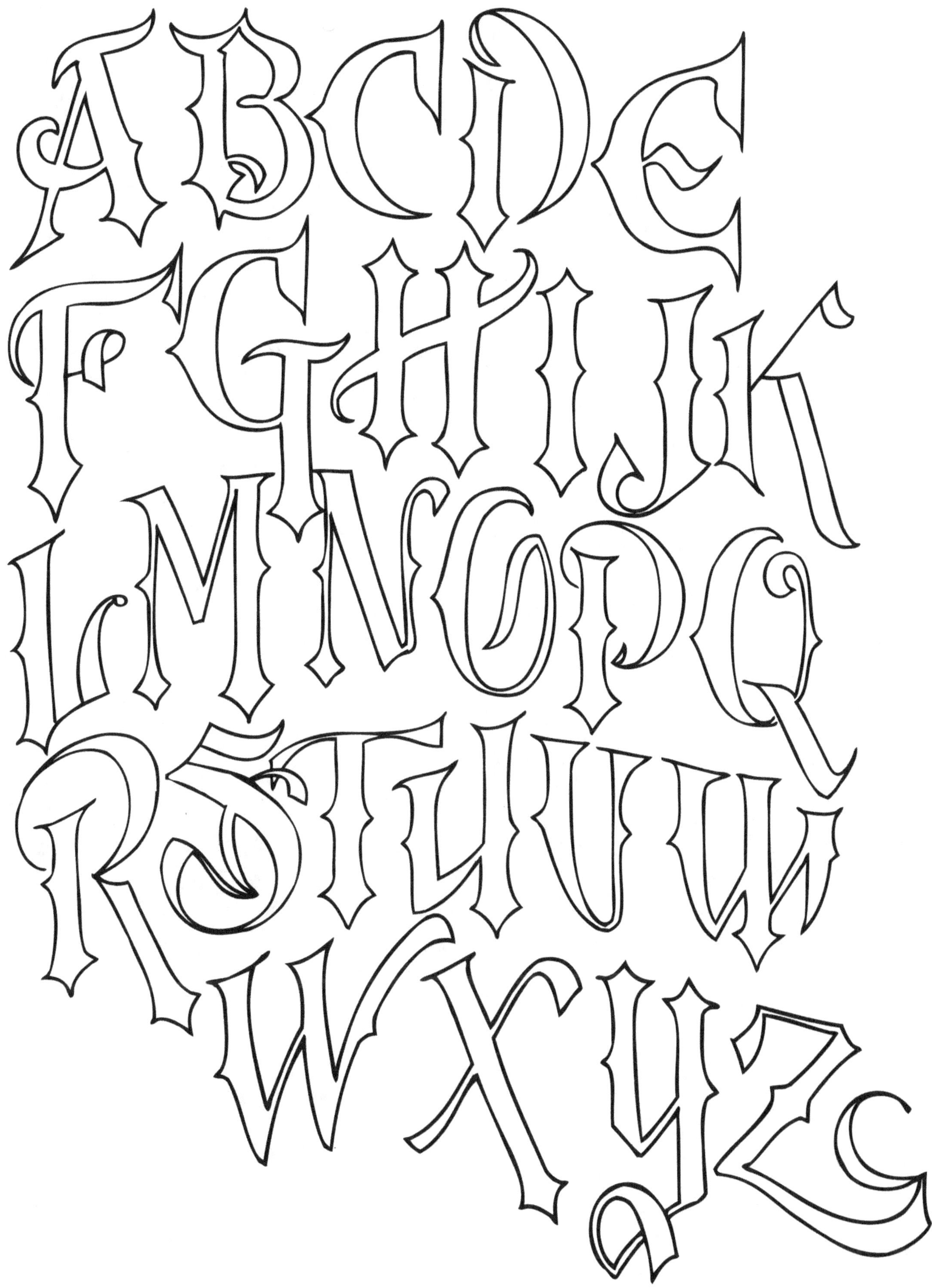

A B C D E F G H

I J K L M N O P Q

R S T U V W X Y Z

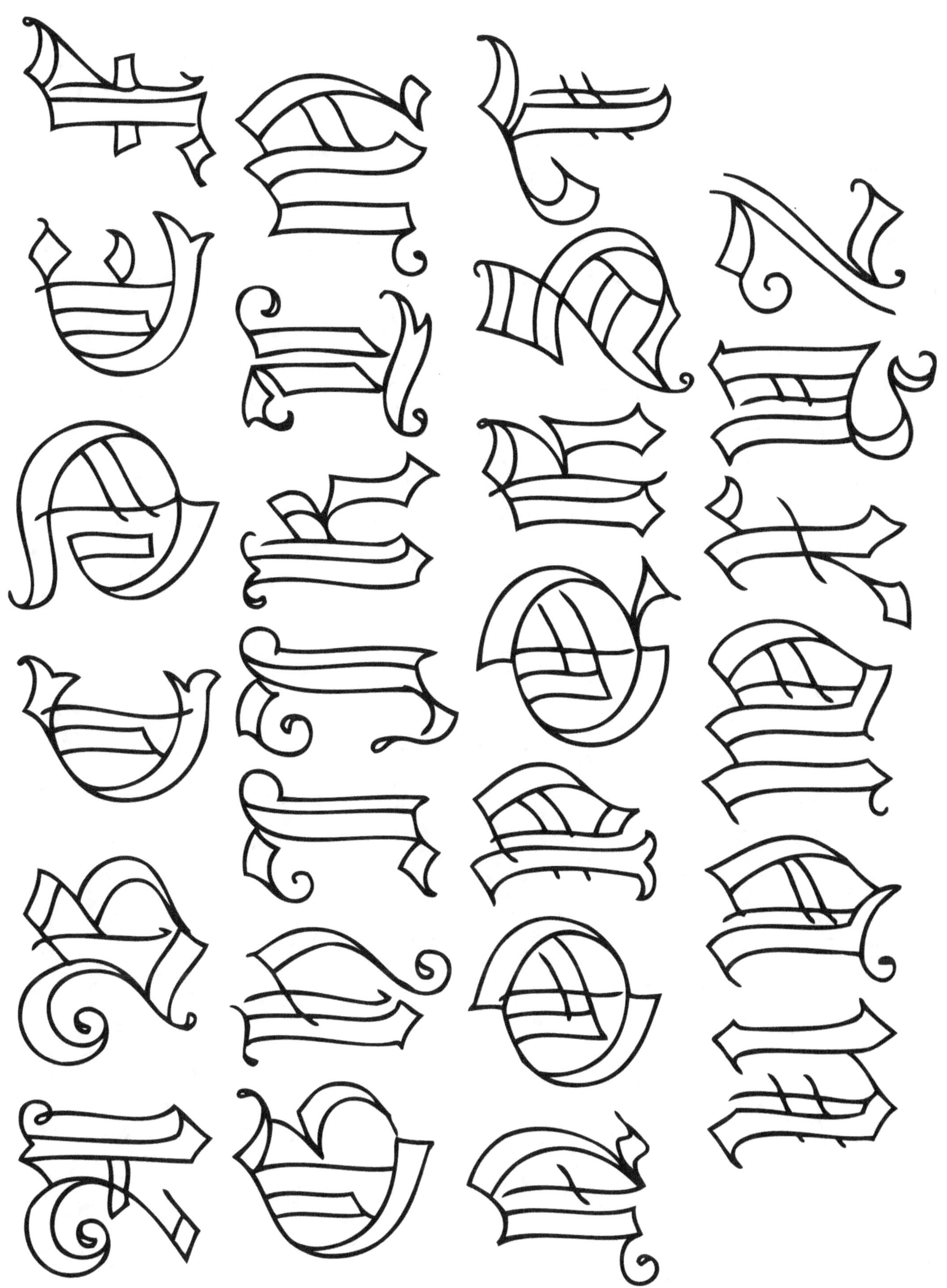

A B C D E
F G H I J K L
M N O P Q R
S T U V W
X Y Z

A B C D E F
G H I J K L
M N O P Q R
S T U V W X
Y Z

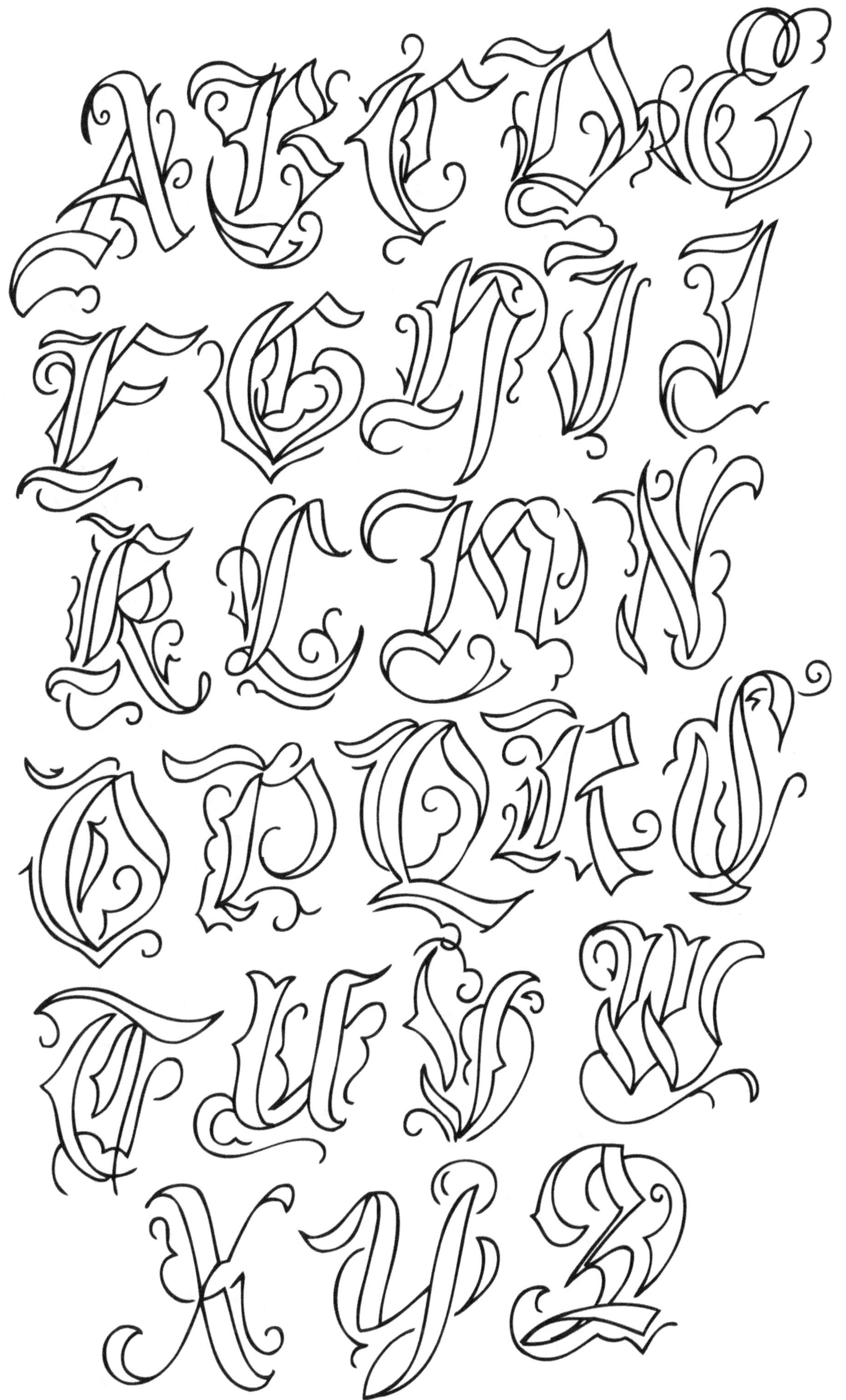

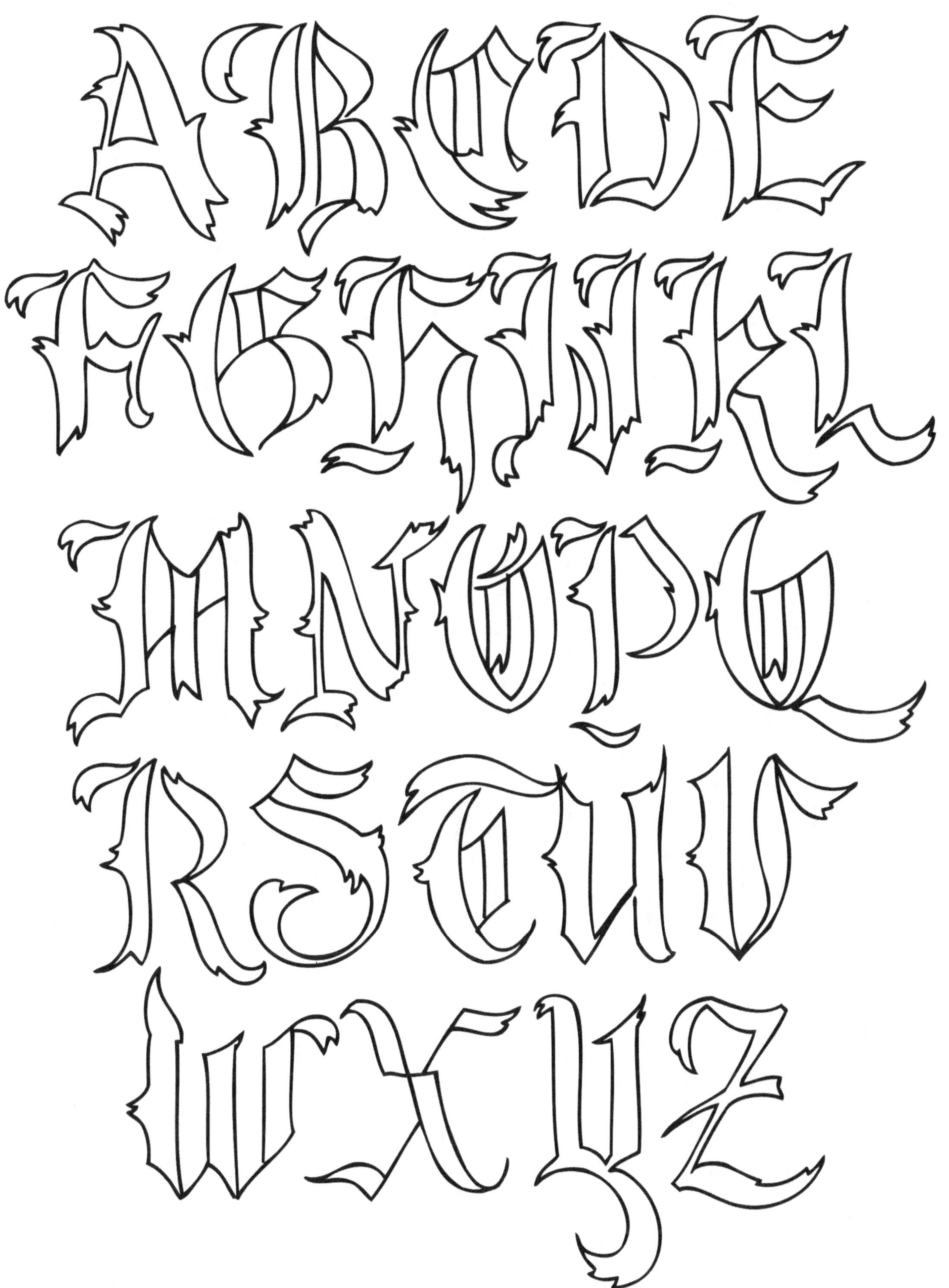

A B C D E F

G H I J K L M

N O P Q R S

T U V W X Y

Z

A B C D

E F G H

I J K L M

N O P Q

R S T U

V W X Y Z

A B C D
E F G H
I J K L
M N O P
Q R S T
U V W
X Y Z

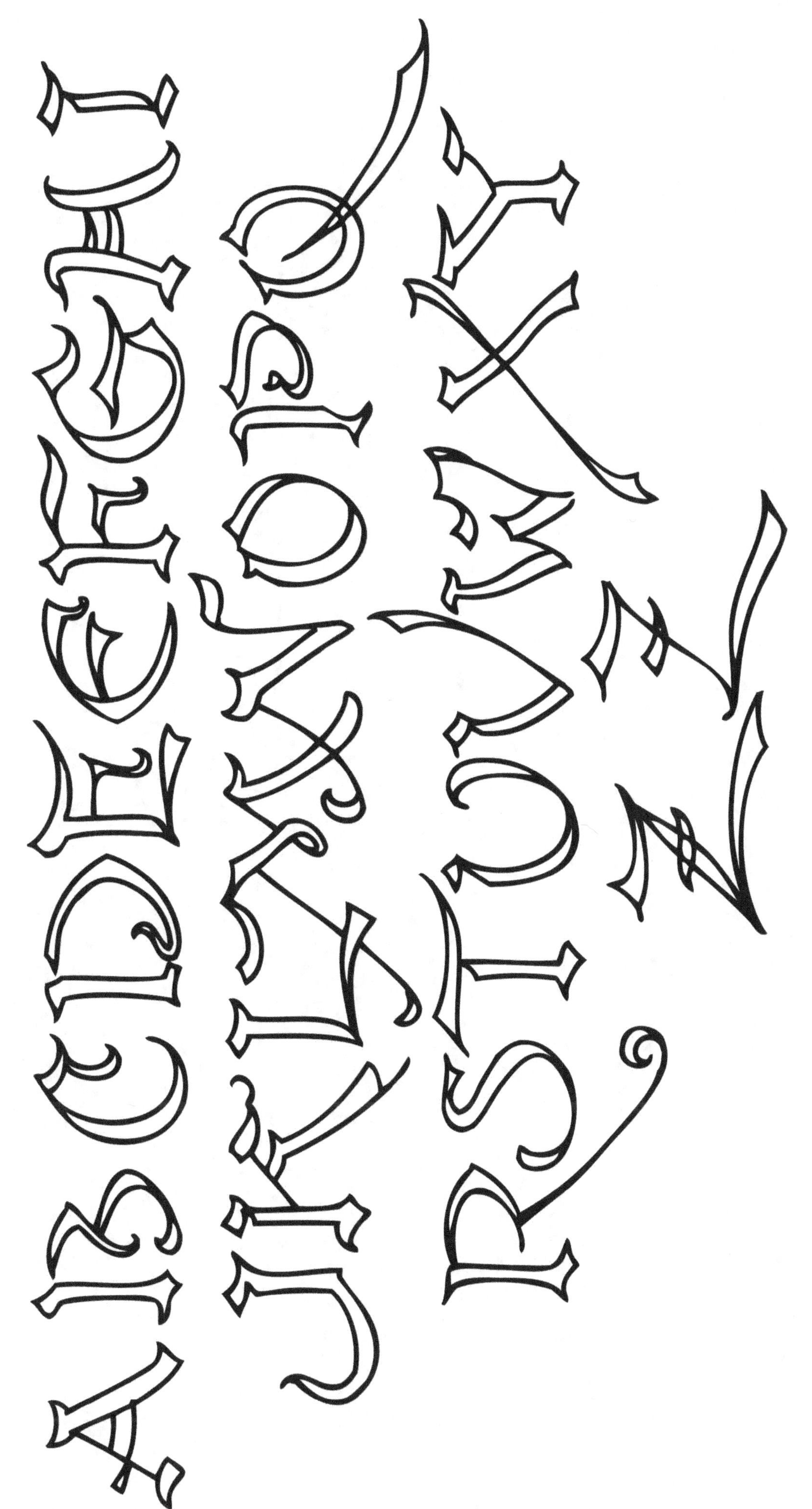

ABCDEFGHI
JKLMNOPQ
RSTUVWXYZ

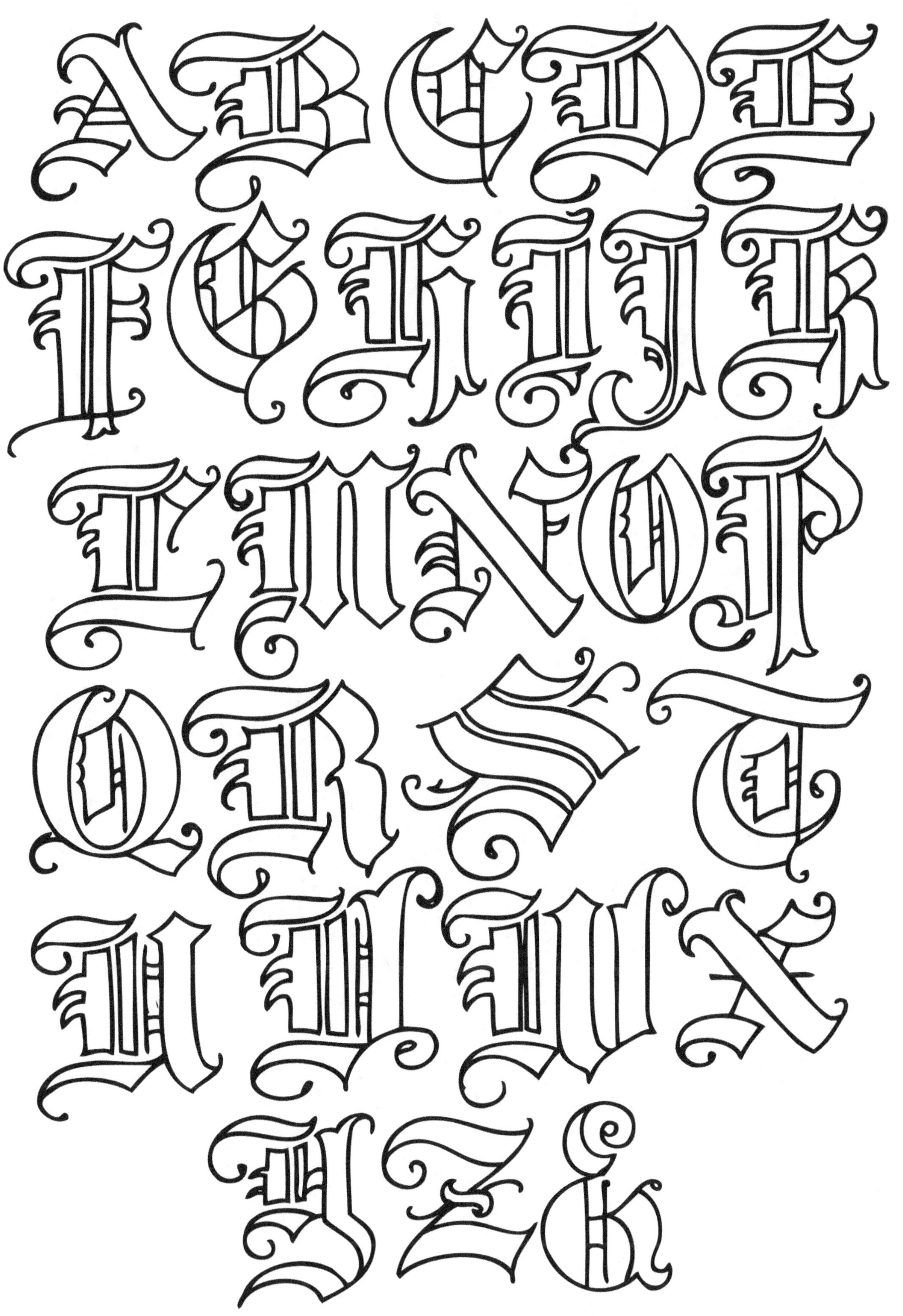

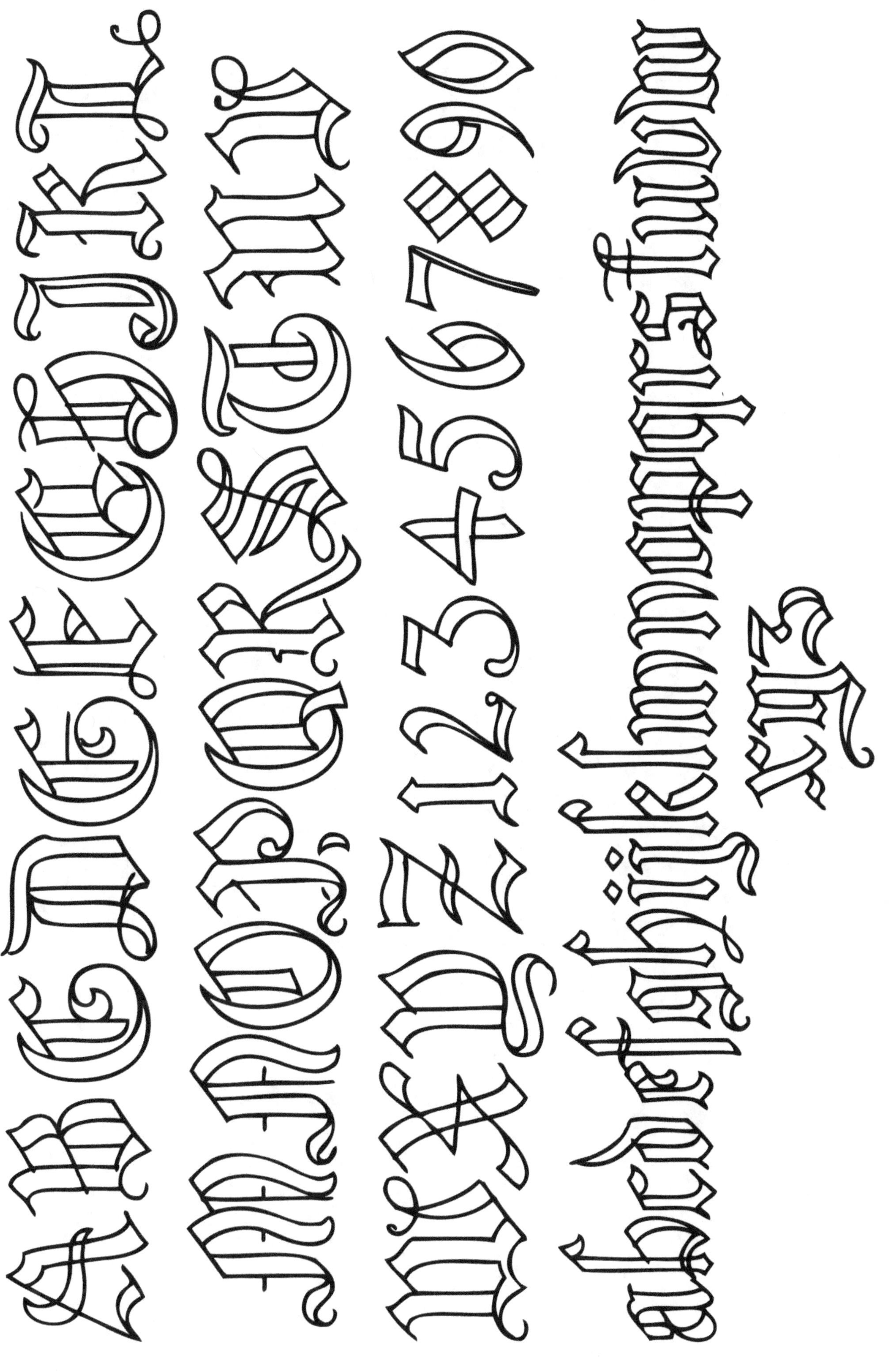

ABCDEFGHI

JKLMNOPQ

RSTUVWXYZ

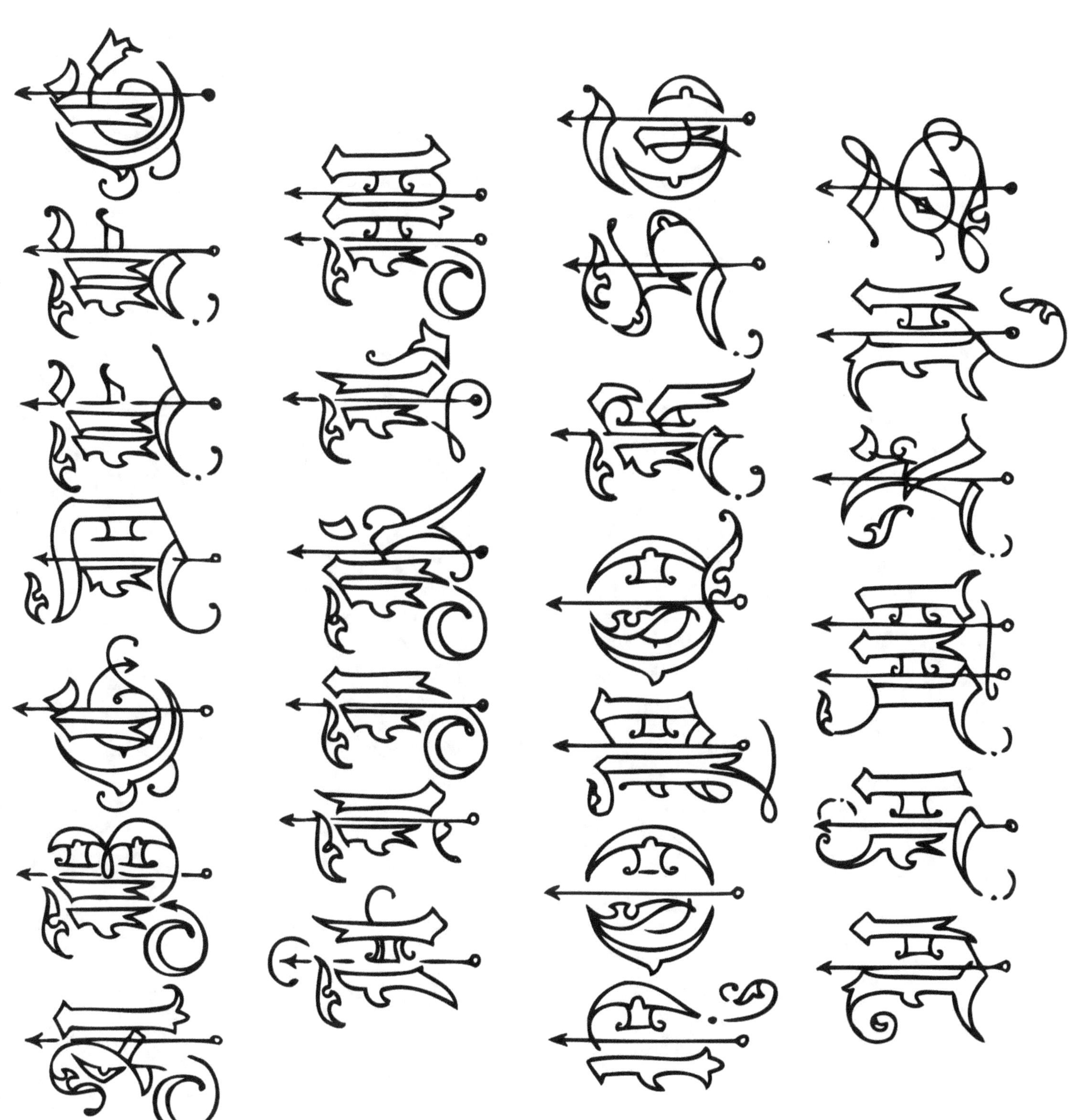

A B C D E F G H I

J K L M N O P Q R

S T U V W X Y Z

a b c d e f g h i j k l m

n o p q r s t u v w x y z

1 2 3 4 5 6 7 8 9 0 $

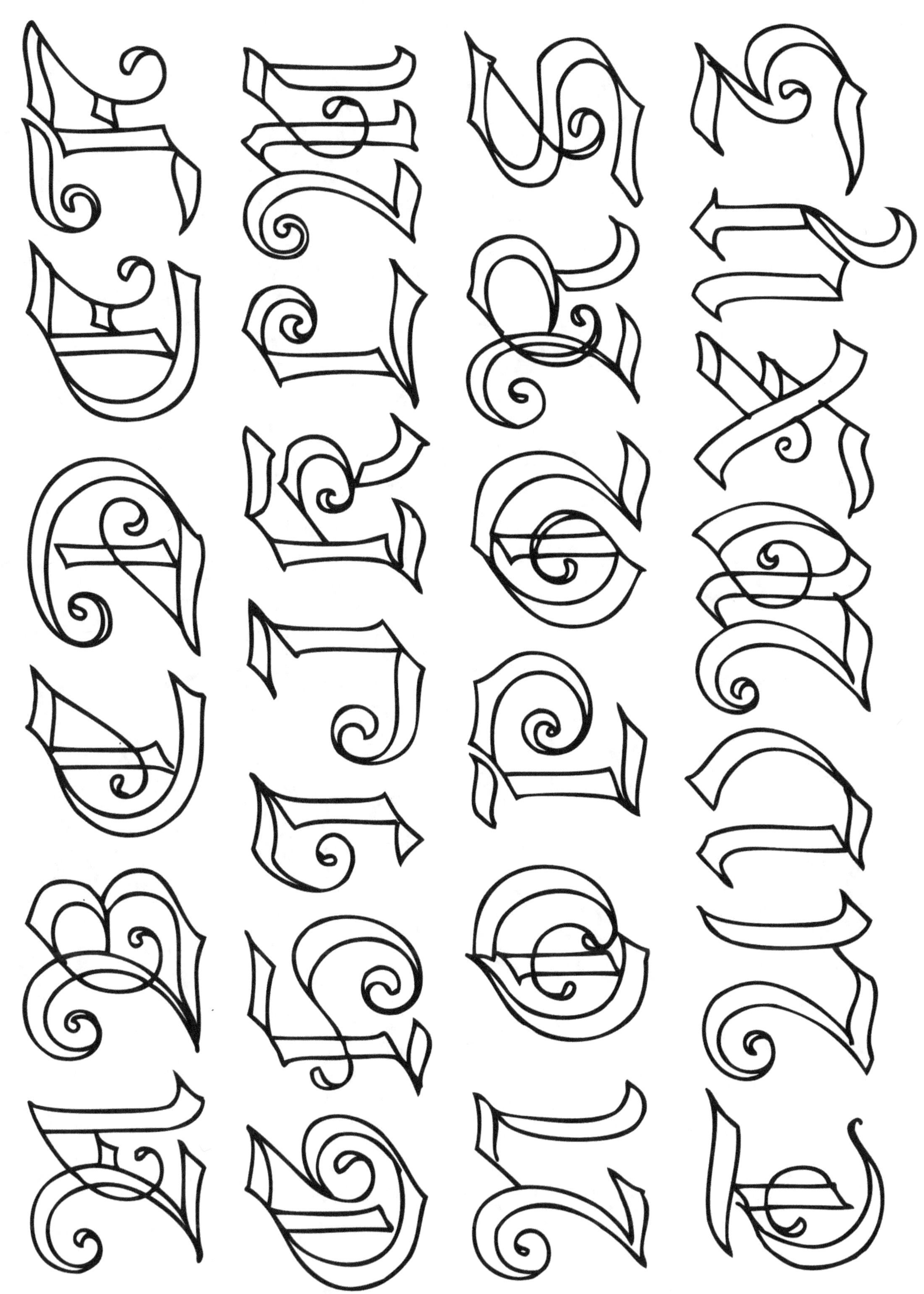

A B C D E F G

H I J K L M N

O P Q R S T U

V W X Y Z

ABCDEFGHIJKL
MNOPQRSTUV
WXYZ
abcdefghijklmno
pqrstuvwxyz&

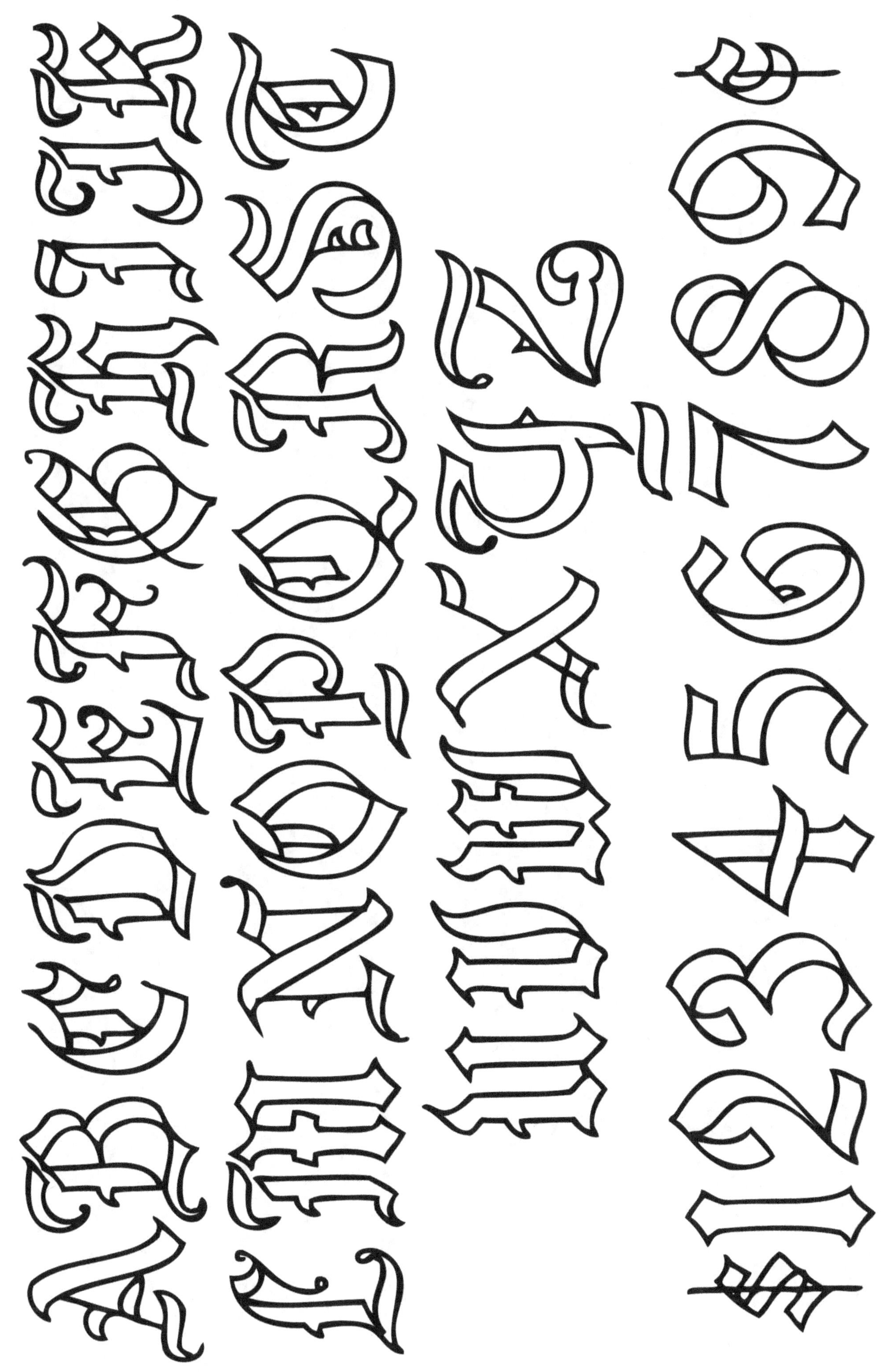

Aa Bb Cc Dd Ee Ff

Gg Hh Ii Kk Ll Mm

Nn Oo Pp Qq Rr

Ss Tt Uu Vv Ww Xx Yy Zz

A B C D E
F G H I J
K L M N O
P Q R S T
U V W X
Y Z

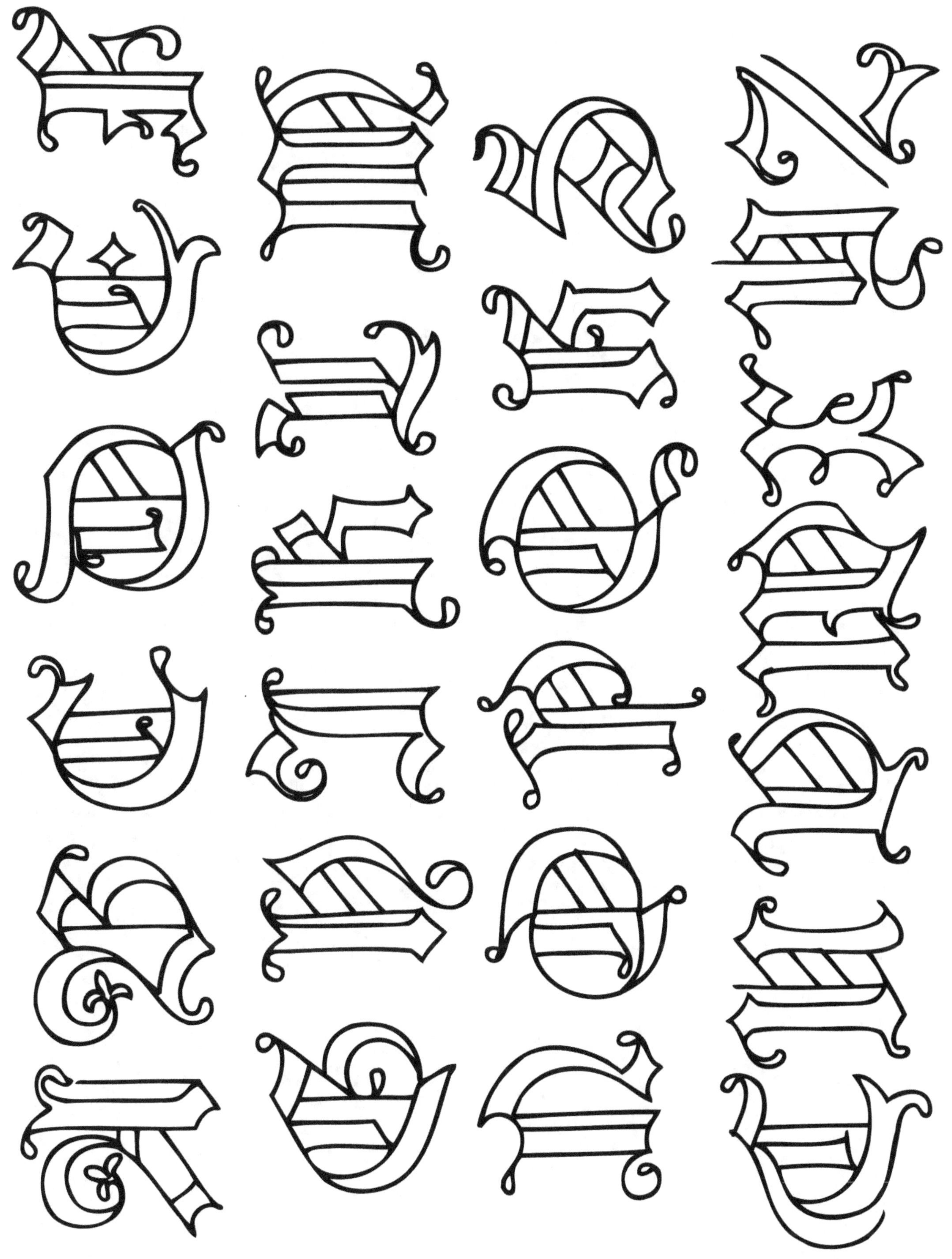

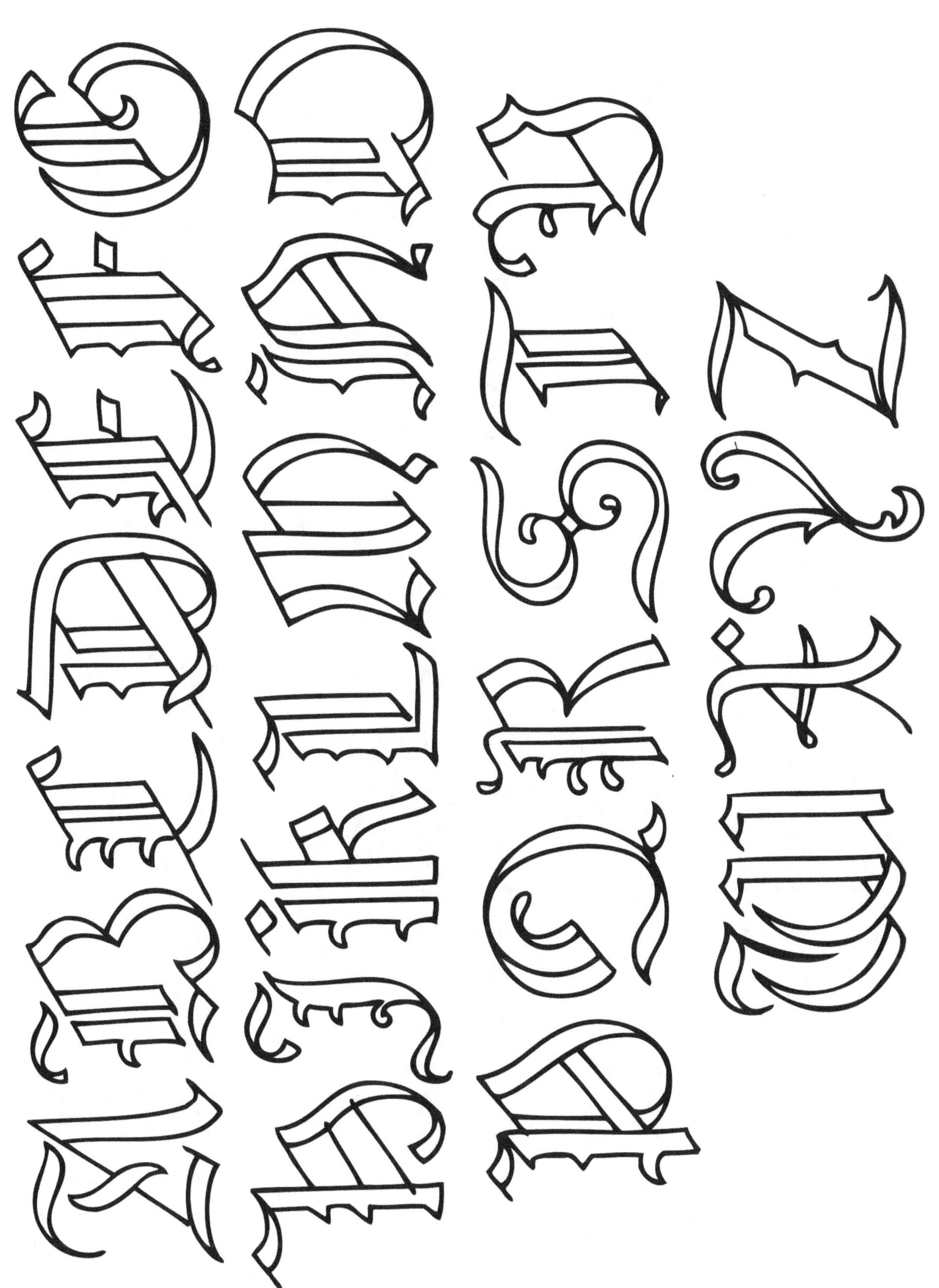

ABCD
EFGHIJ
KLMNO
PQRST
UVWXYZ

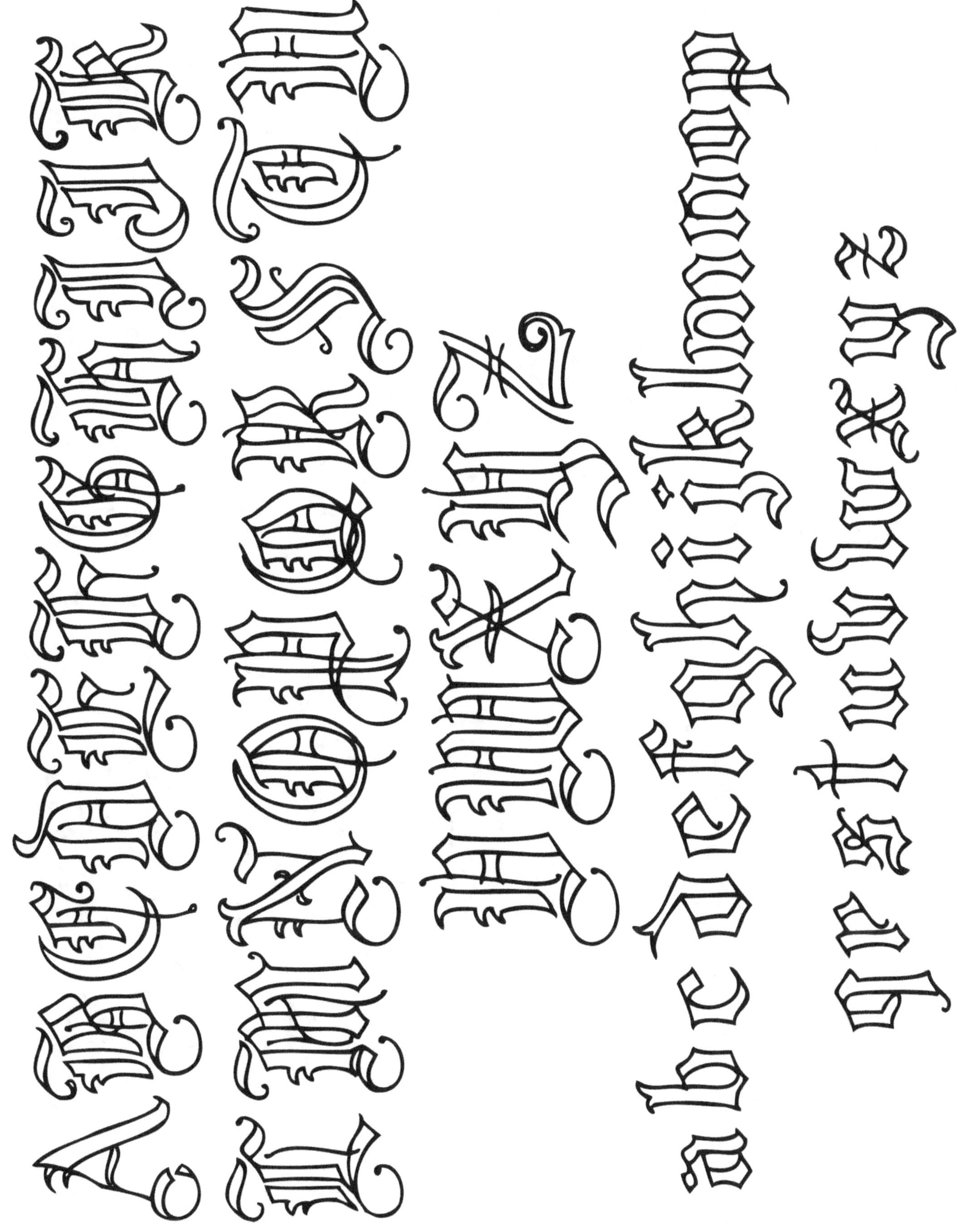

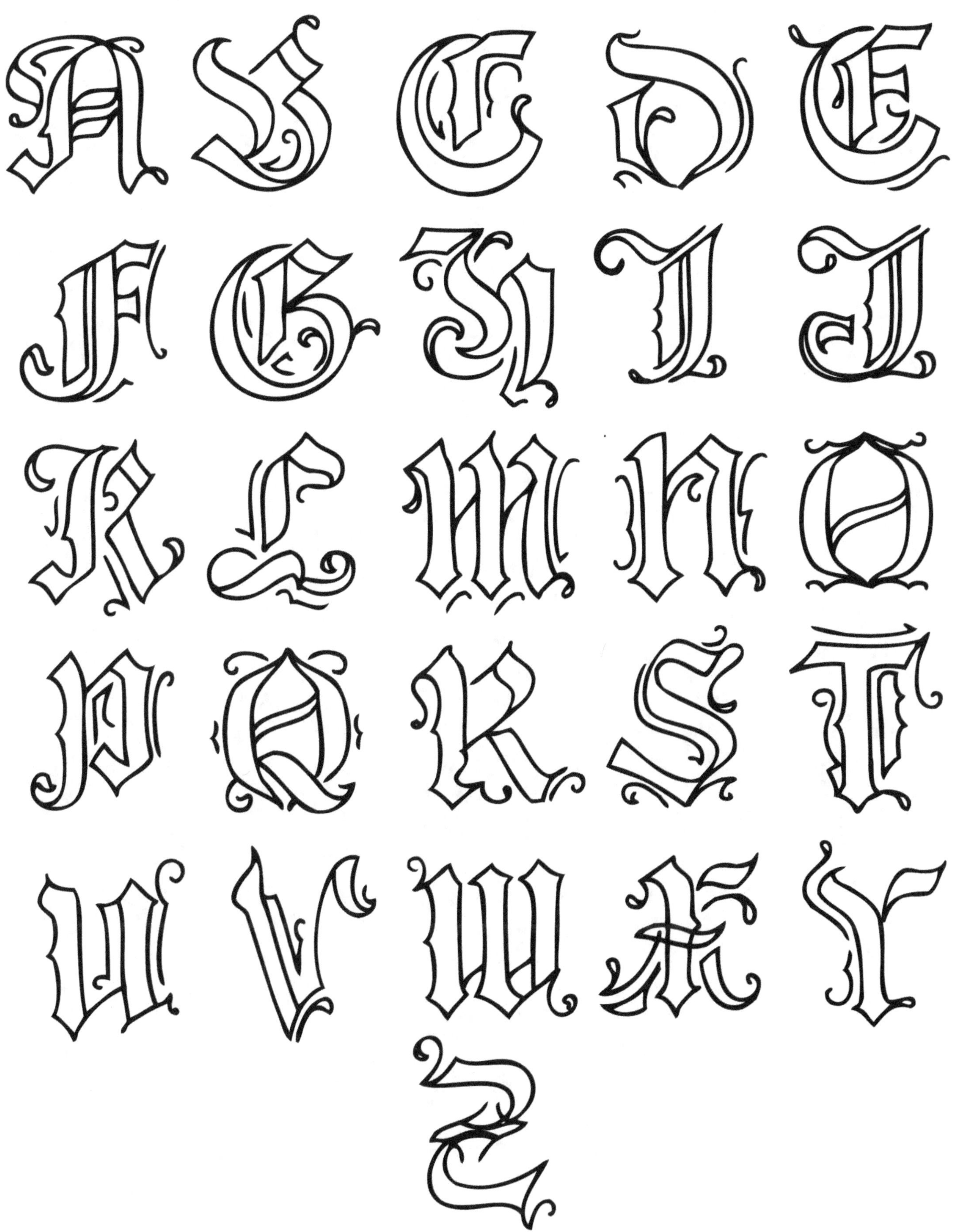

ABCDEF
GHIJKL
MNOPQ
RSTUV
WXYZ

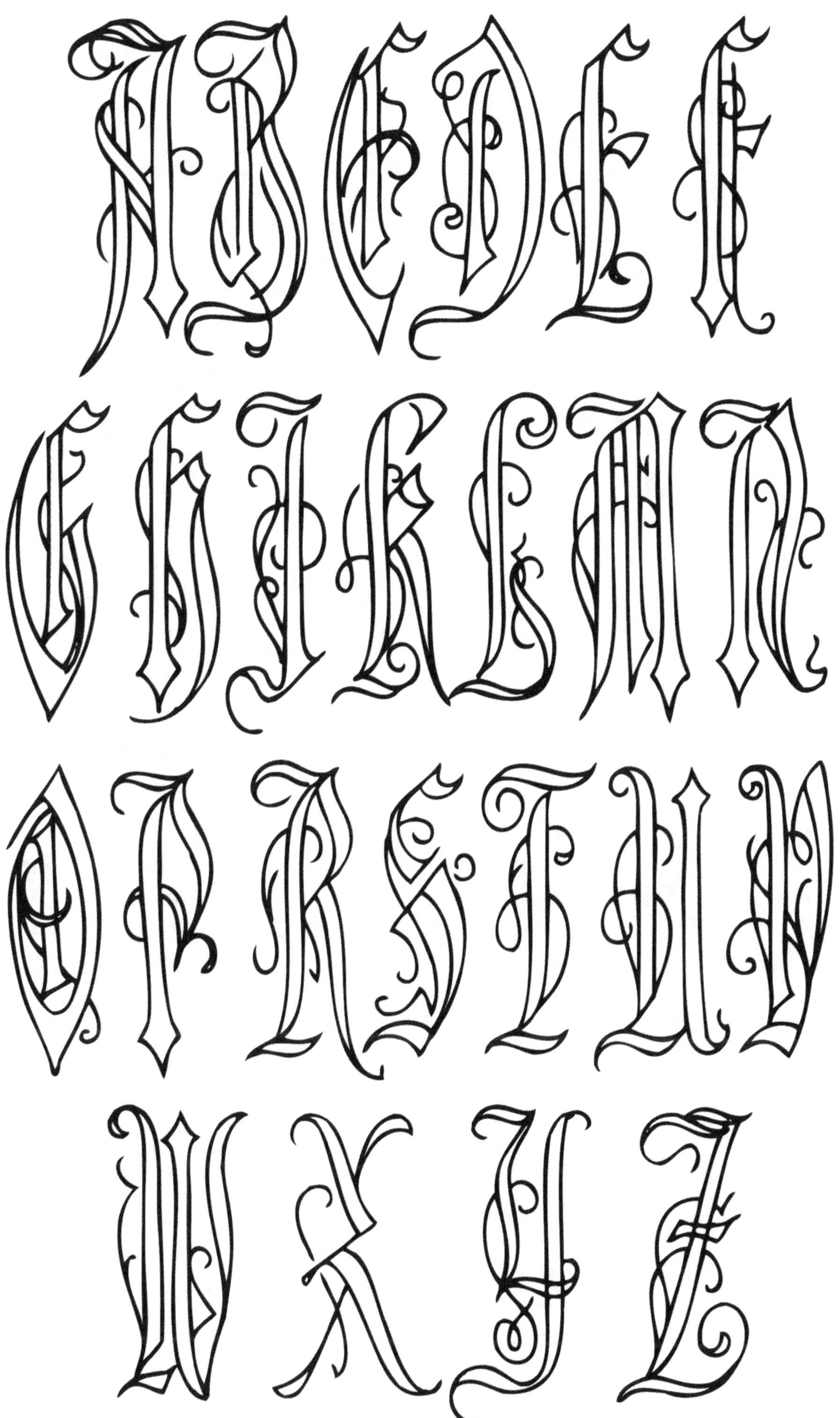

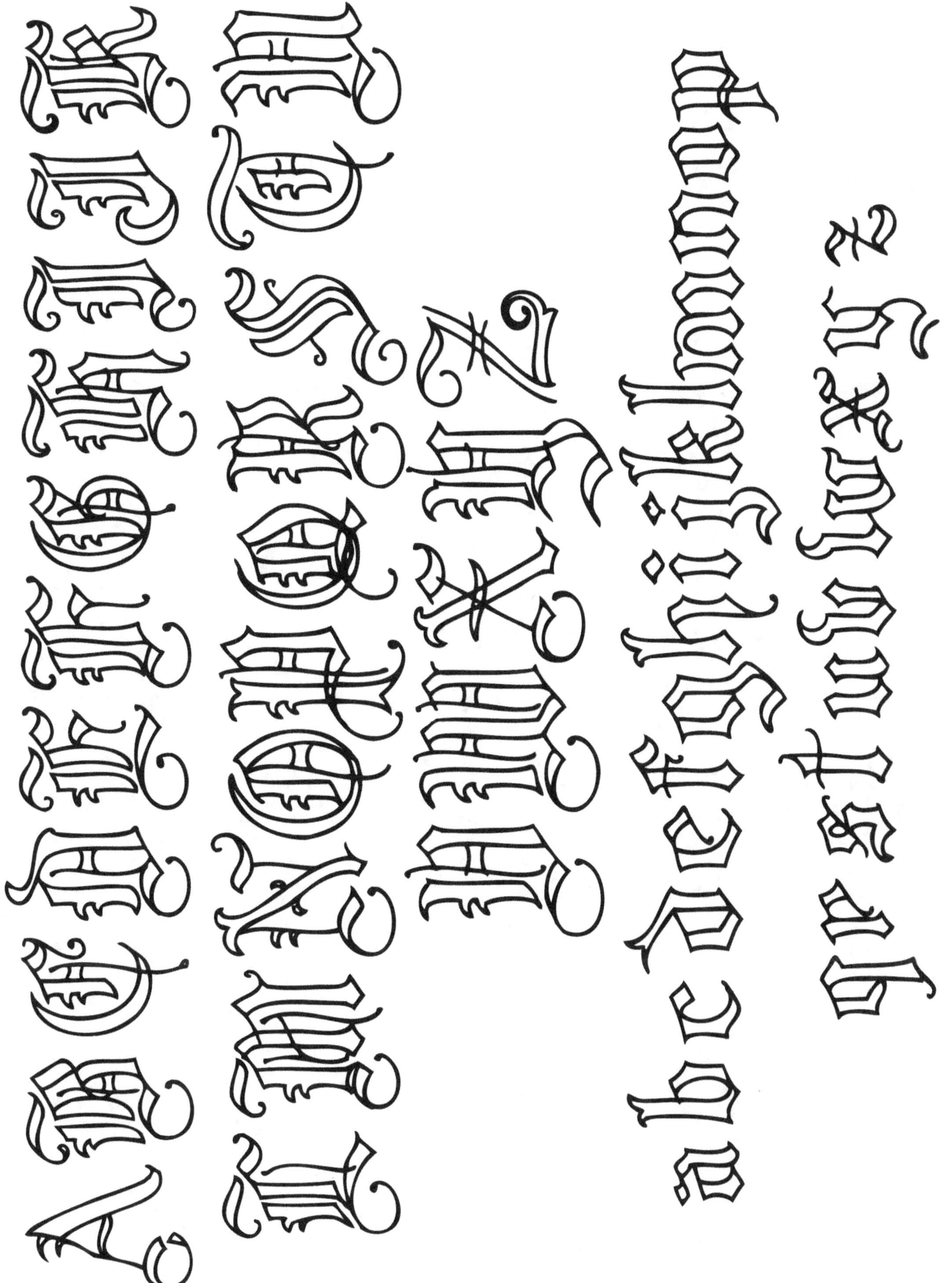

A B C D

E F G H I

K L M N

O P Q R

S T U V

W X Y Z

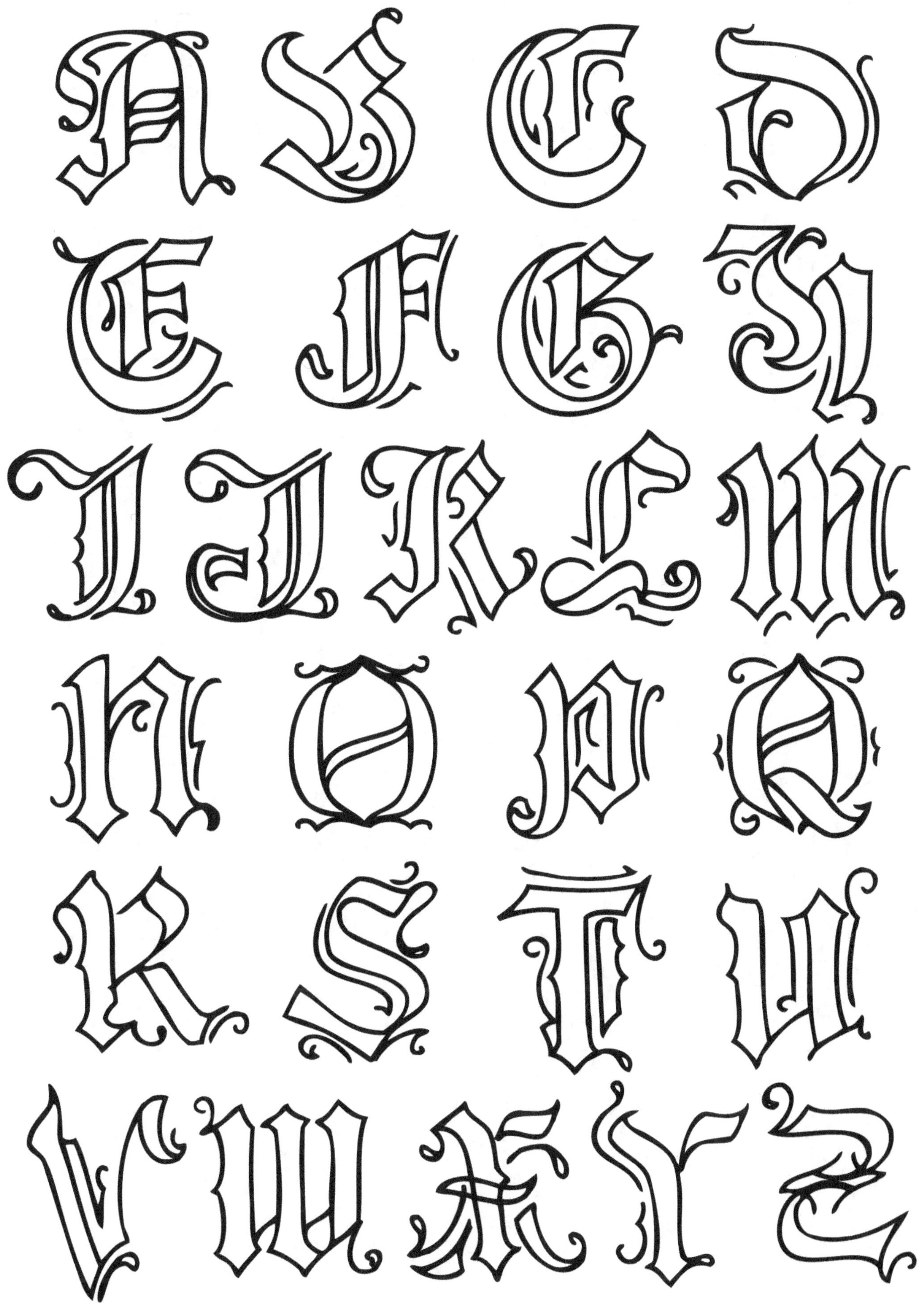

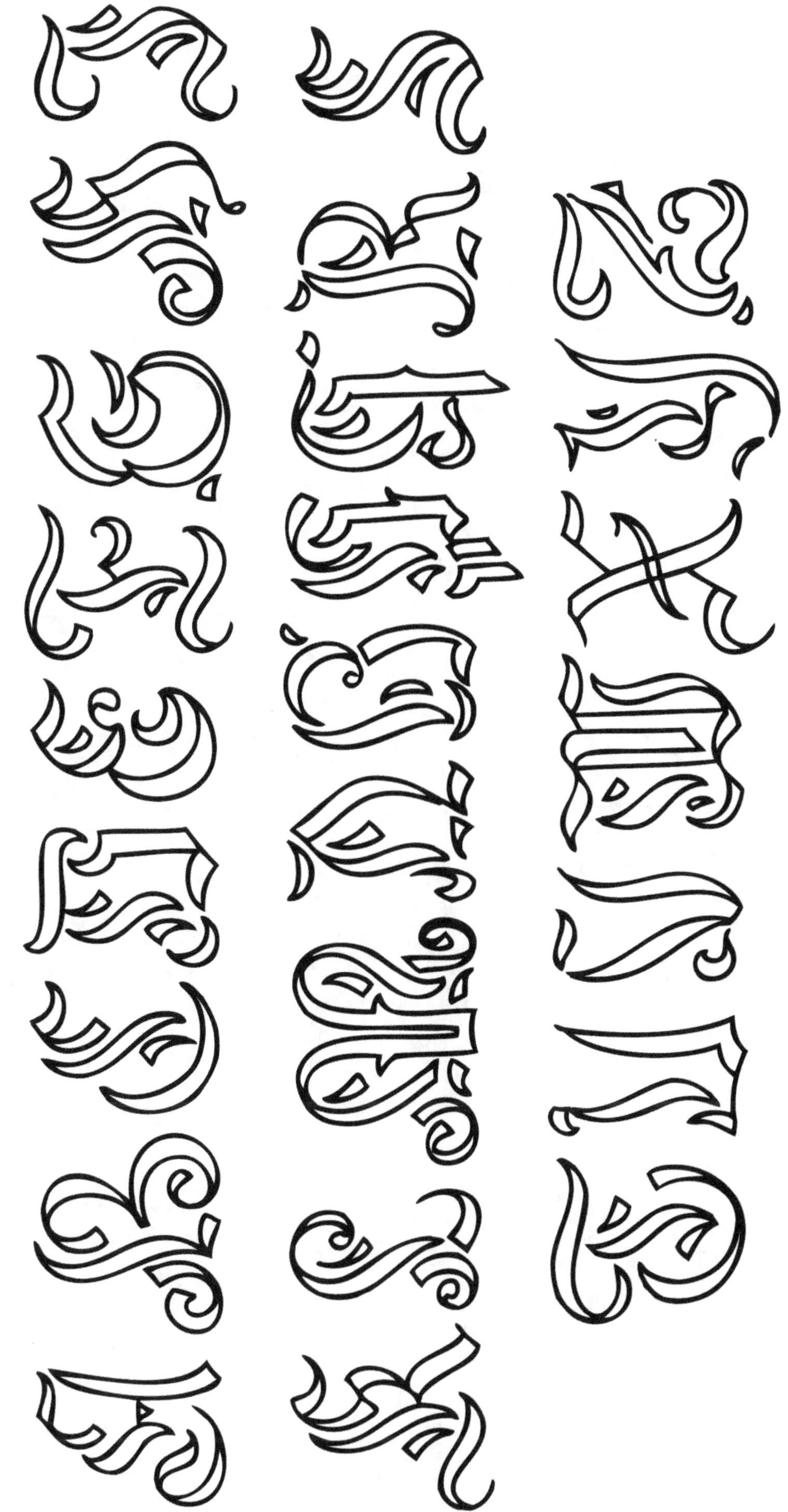

A B C D E F
G H I J K L
M N O P Q R
S T U V W
X Y Z

A B C D E F G
H I J K L M N O
P Q R S T U V
W X Y Z
0 1 2 3 4 5 6 7 8 9

A B C D E F
G H I J K L
M N O P Q R
S T U V W
X Y Z

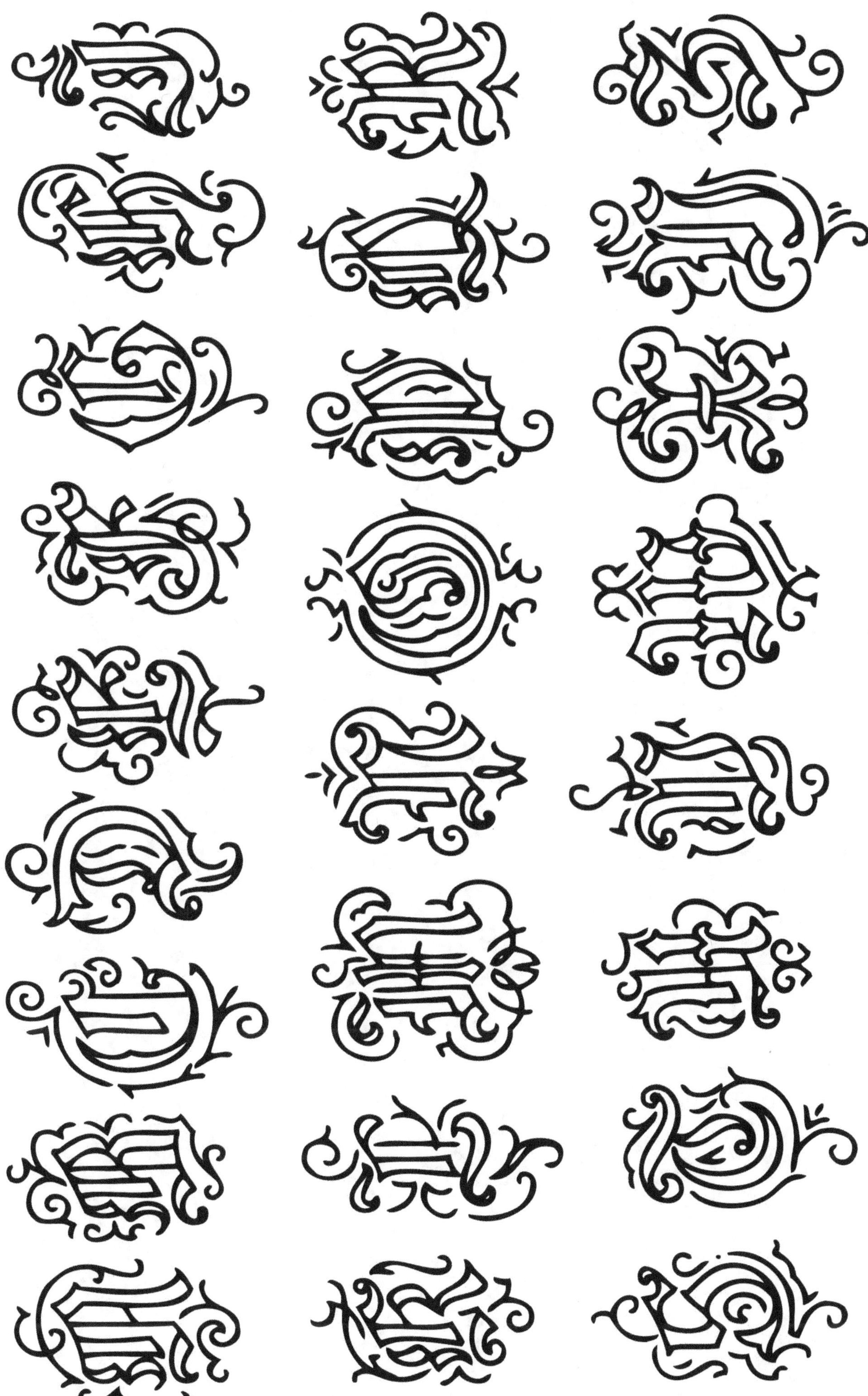

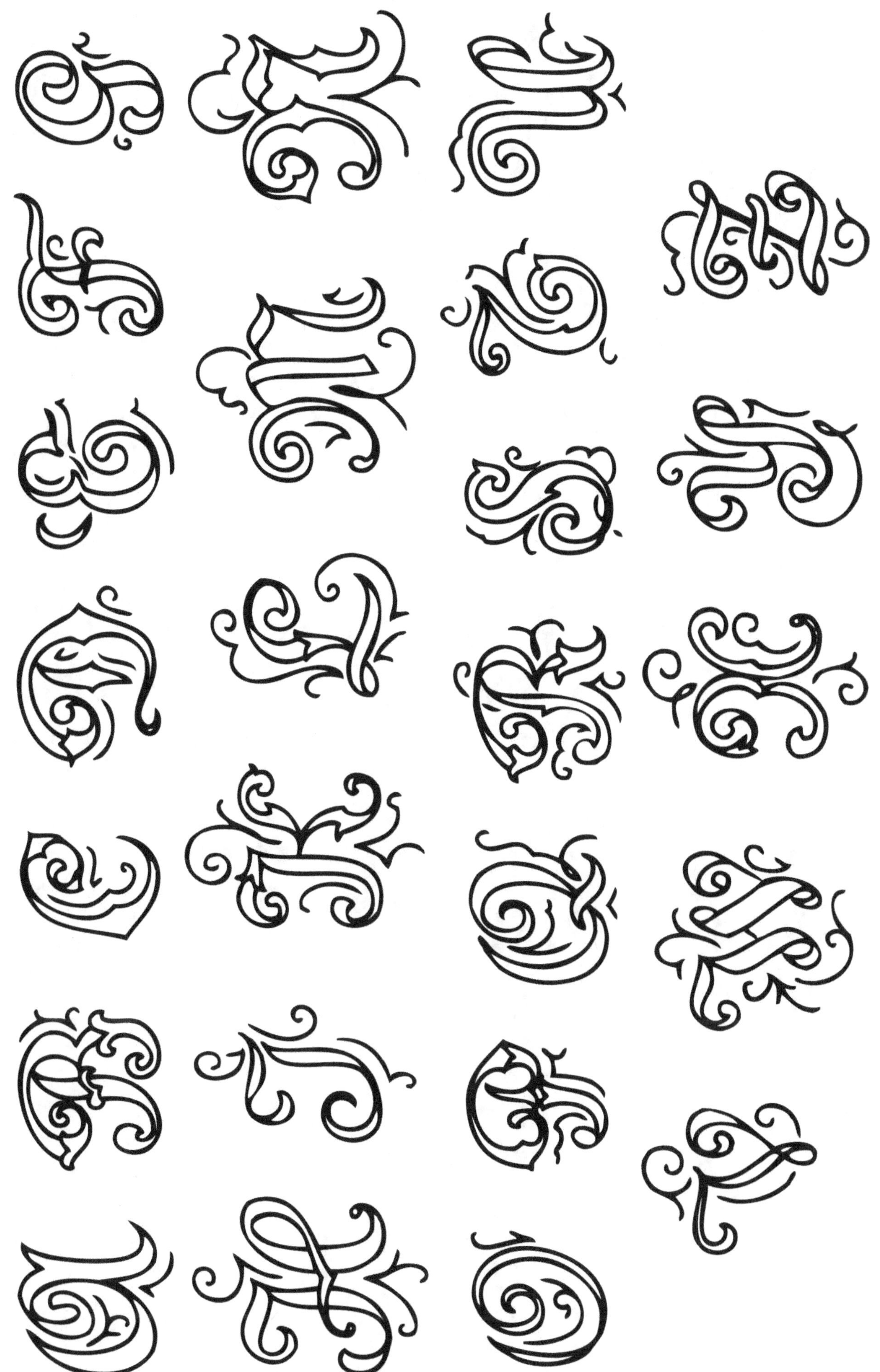

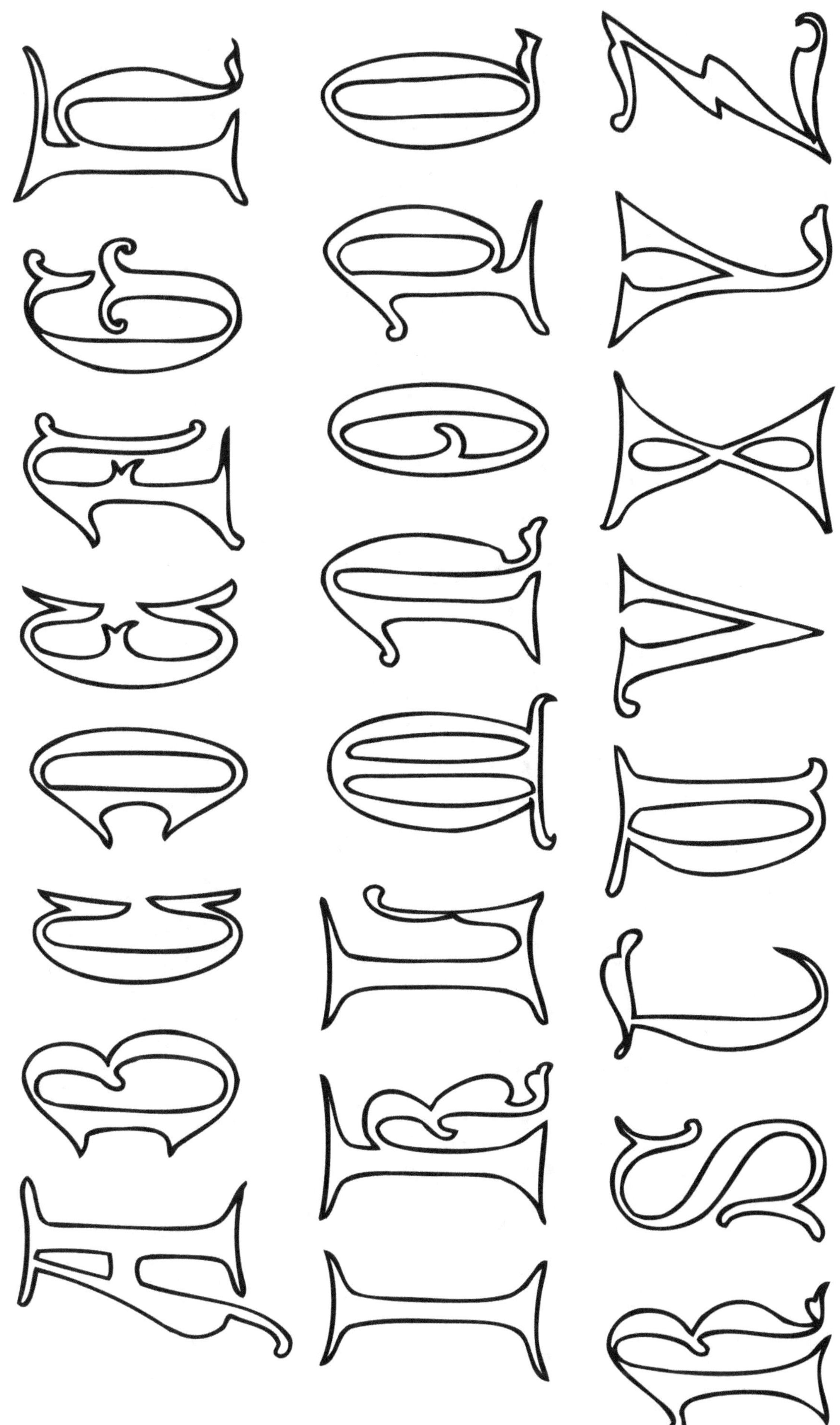

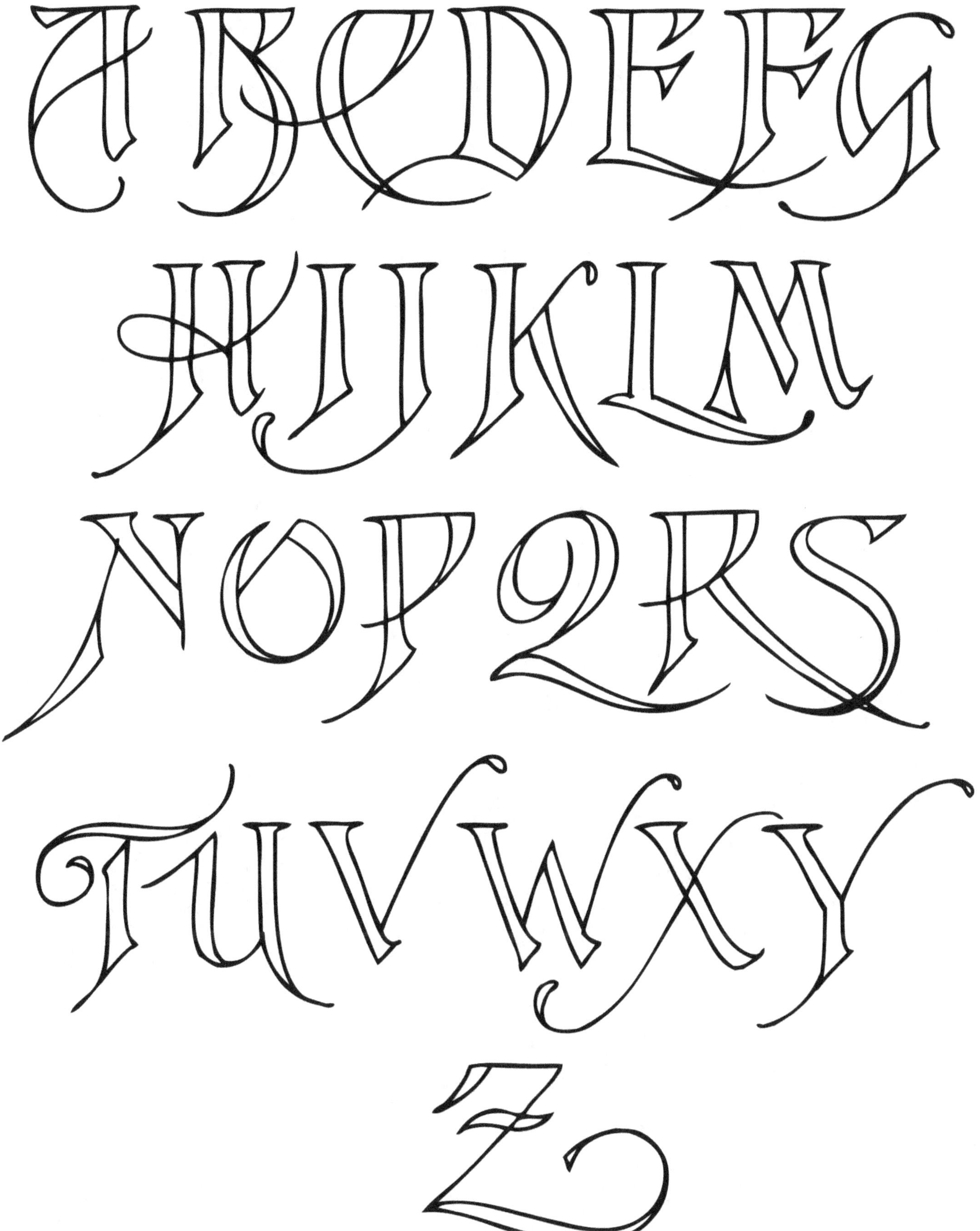
ABCDEFG
HIJKLM
NOPQRS
TUVWXY
Z

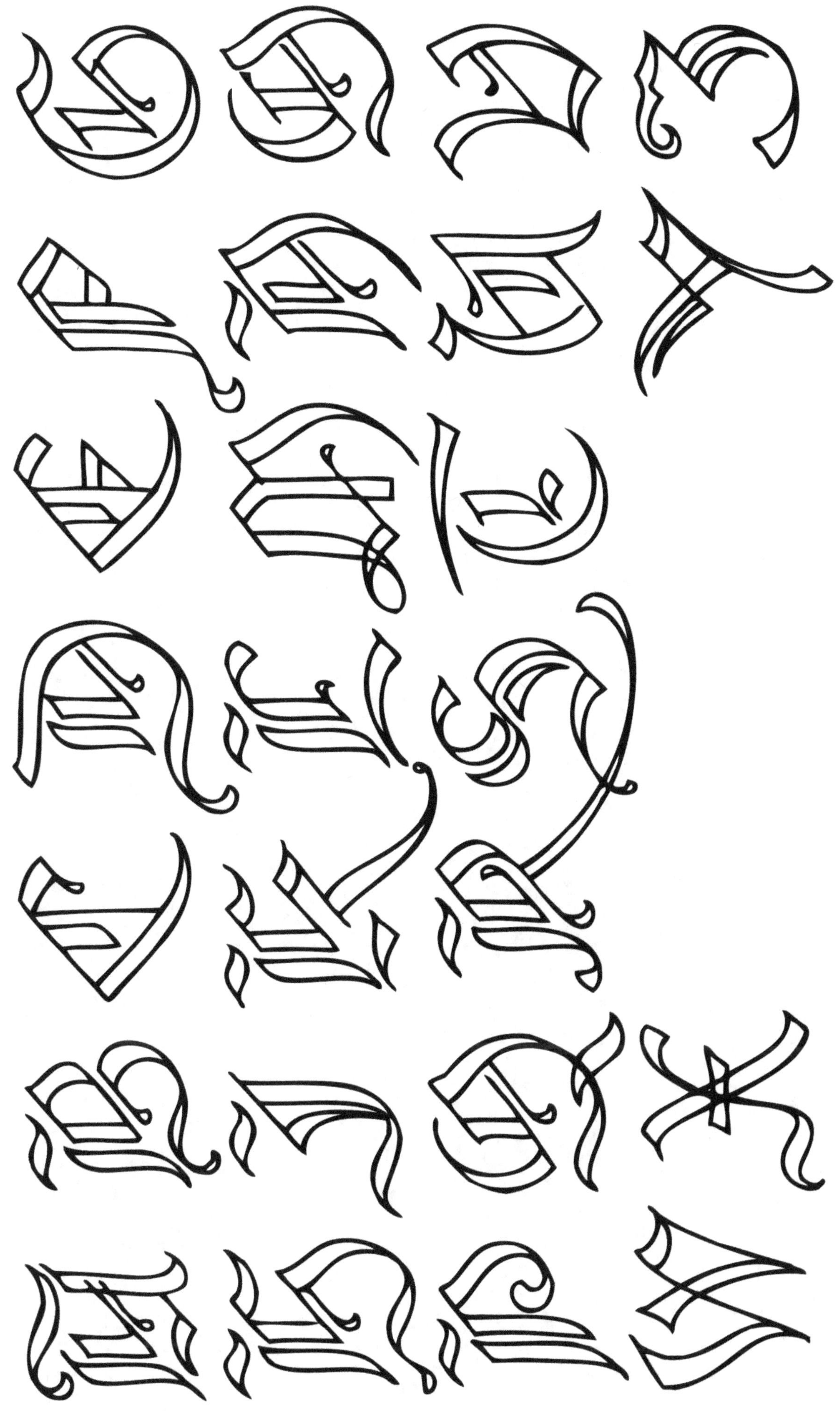

A B C D E
F G H I J K
L M N O P
Q R S T U
V W X Y Z

A B C D E F
G H I J K L
M N O P Q R
S T U V W X
Y Z

A B C D E F

G H I J K L

M N O P Q

R S T U V

W X Y Z

1 2 3 4 5

6 7 8 9 0

ABCDEFGHI
KLMNOPQR
STUVWXYZ

abcdefghijklmn
opqrstuvwxyz

ABCDEFGHIJ
LMNOPQRSTU
VWXYZ

abcdefghijklmnopqrstuvwxyz

A B C D E
F G H I K
L M N O P
Q R S T U
V W X Y Z

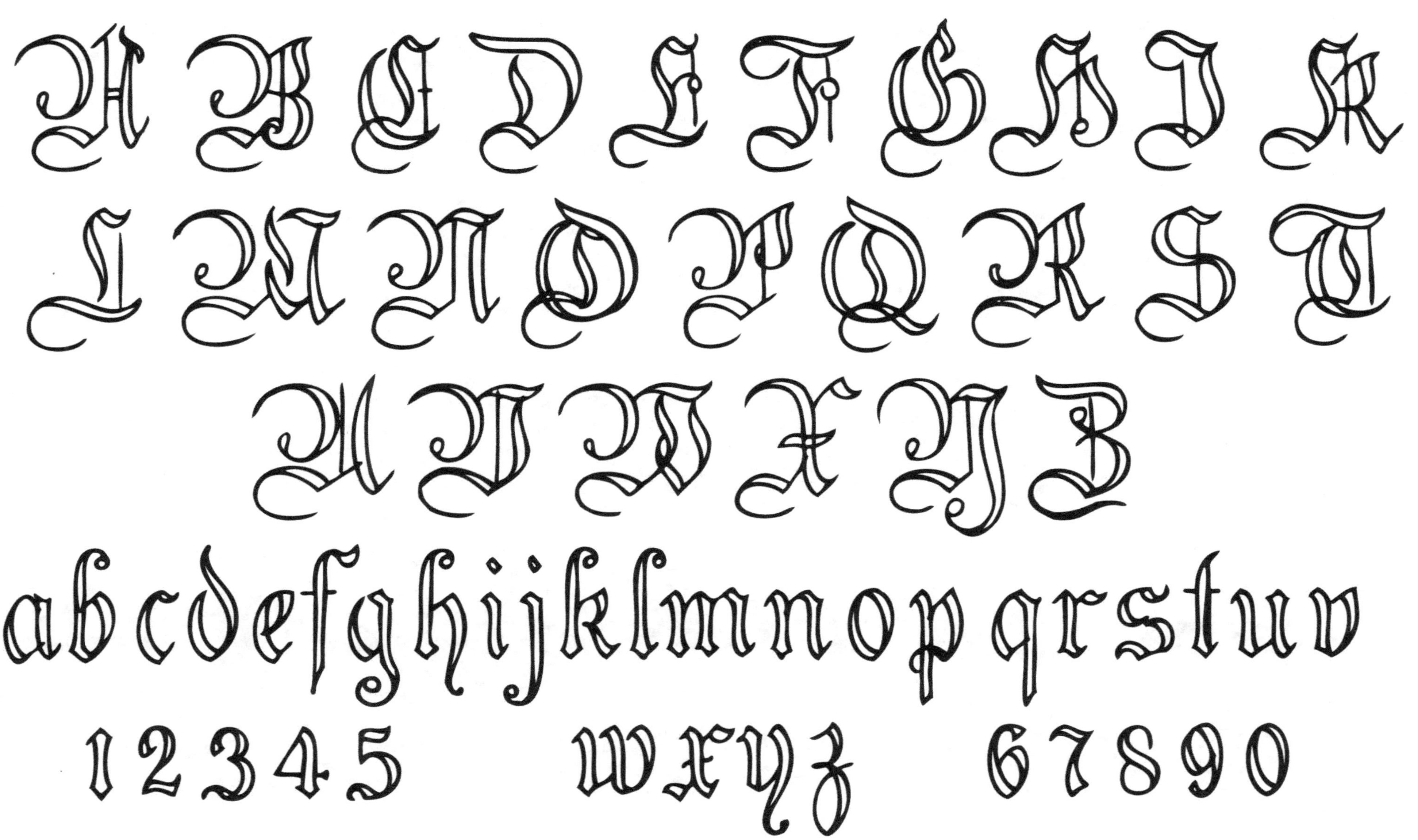

A B C D E F G H I J K
L M N O P Q R S T
U V W X Y Z
a b c d e f g h i j k l m n o p q r s t u v
1 2 3 4 5 w x y z 6 7 8 9 0

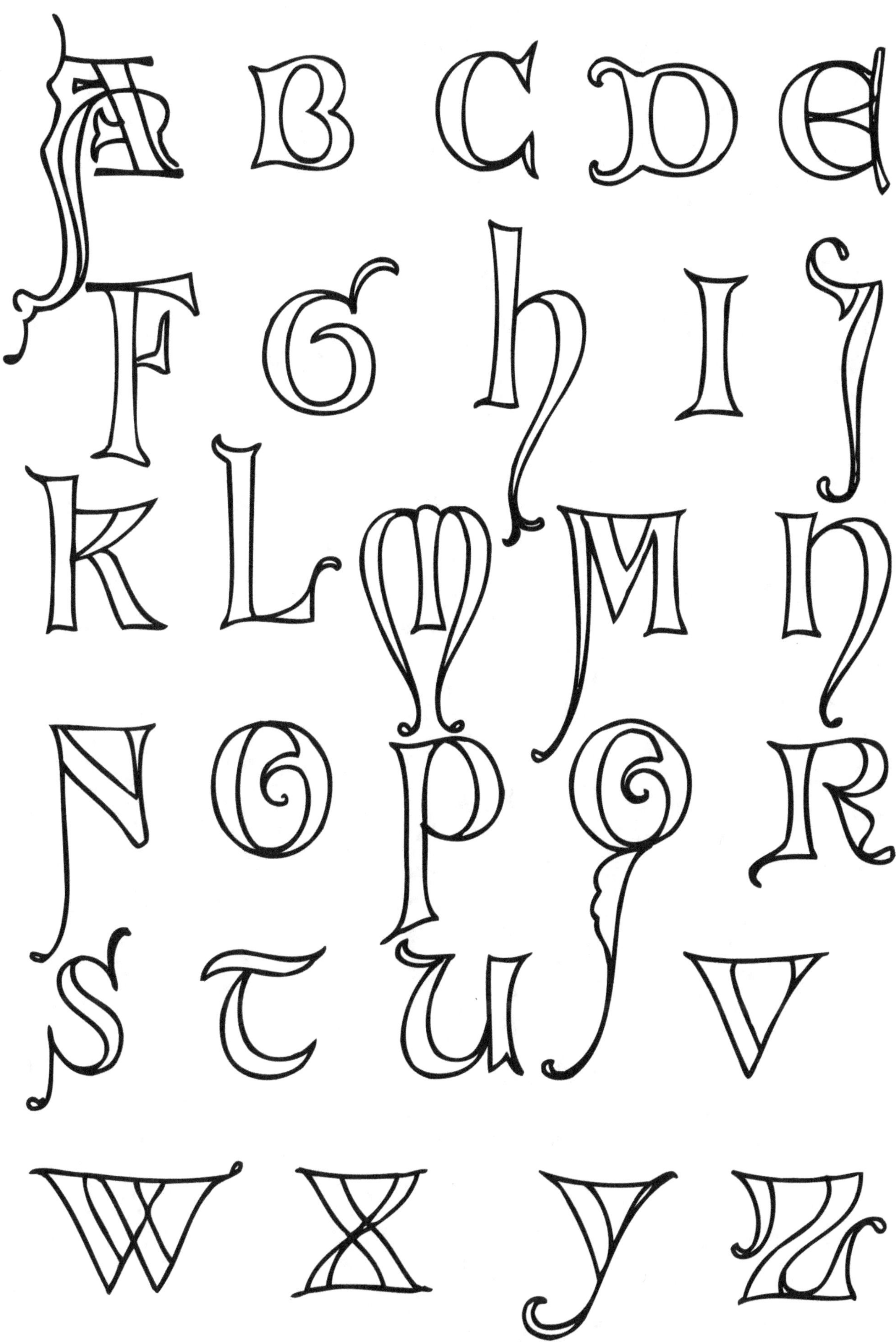

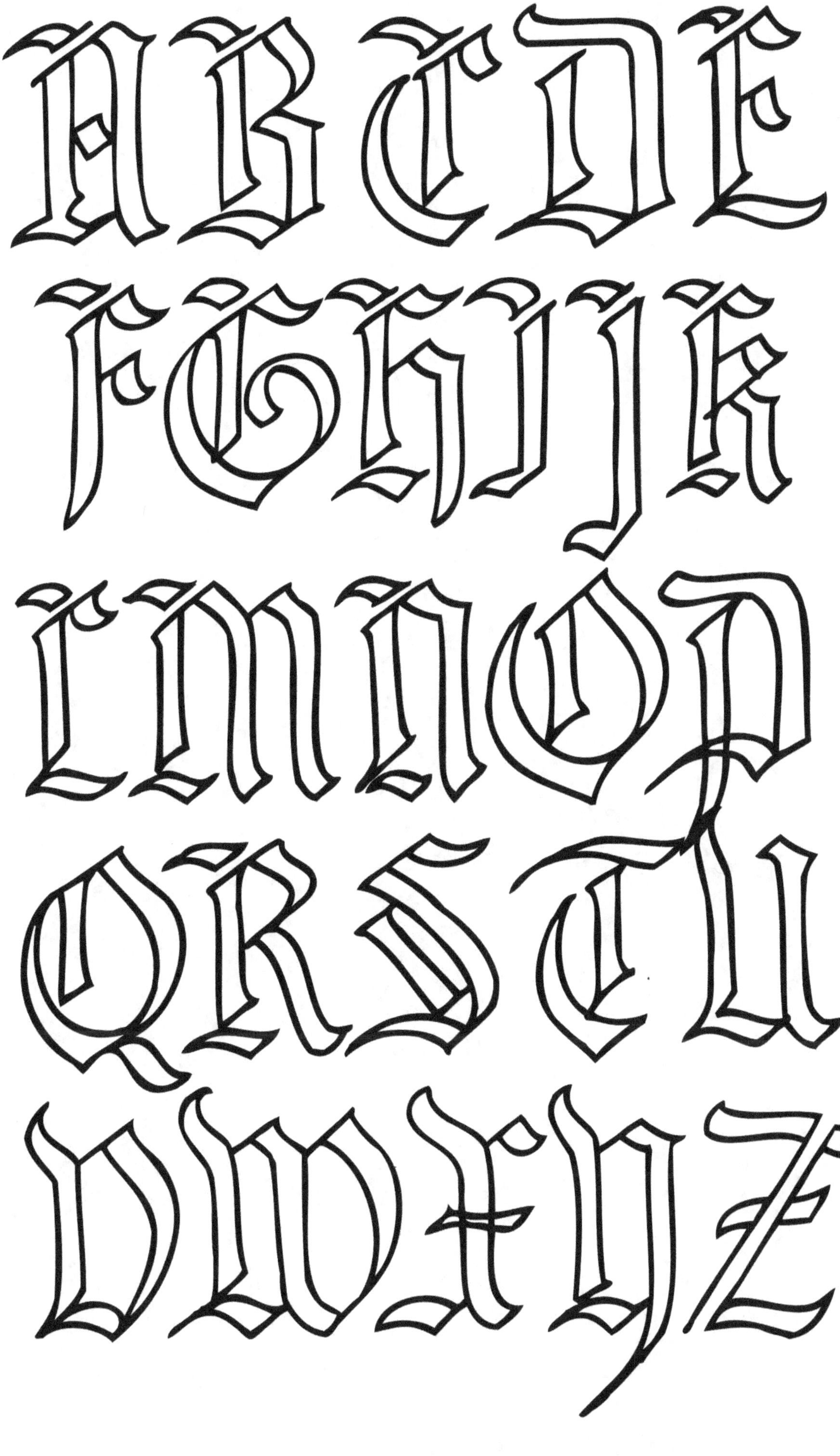
A B C D E
F G H I K
L M N O P
Q R S T U
V W X Y Z

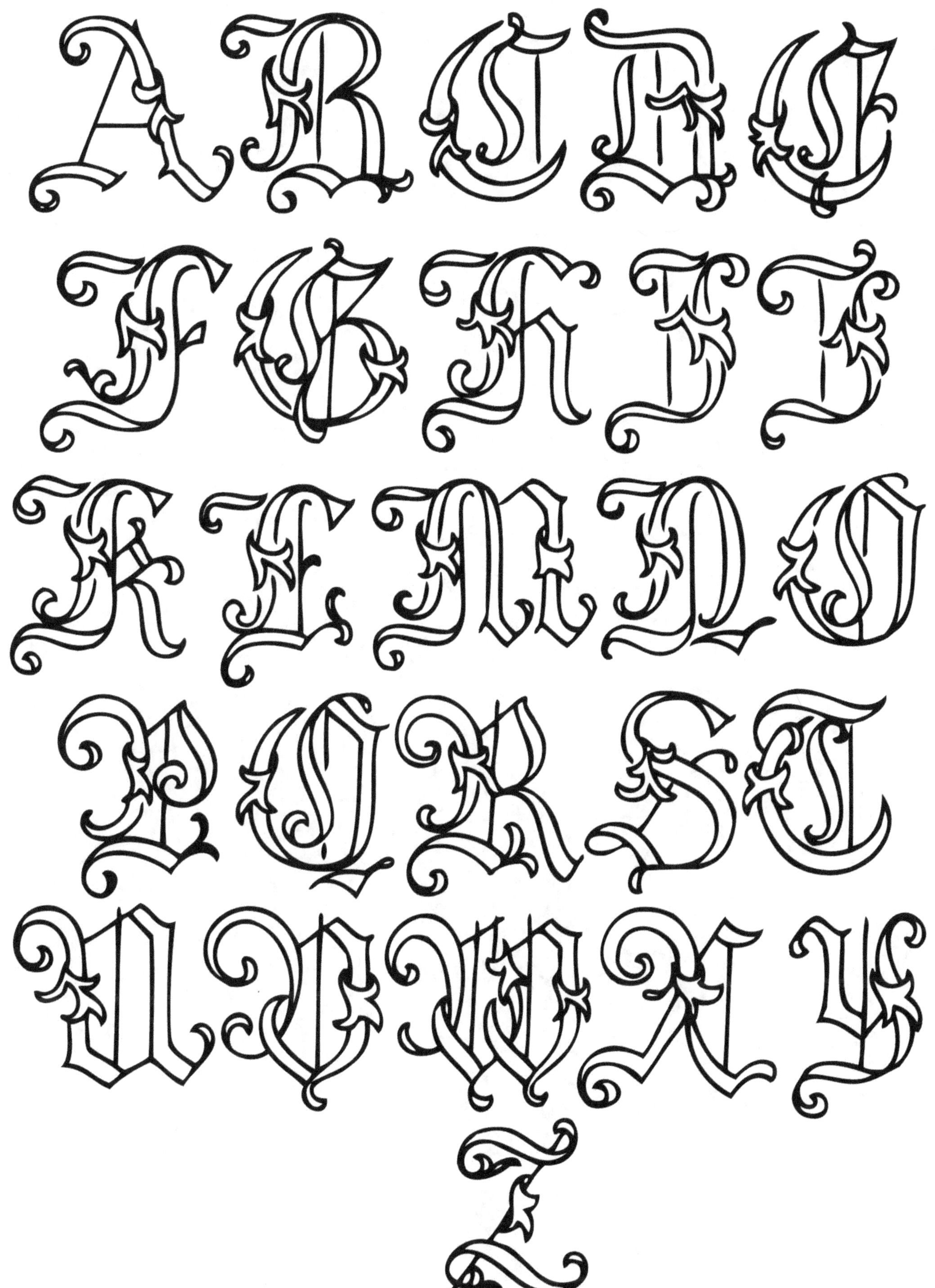

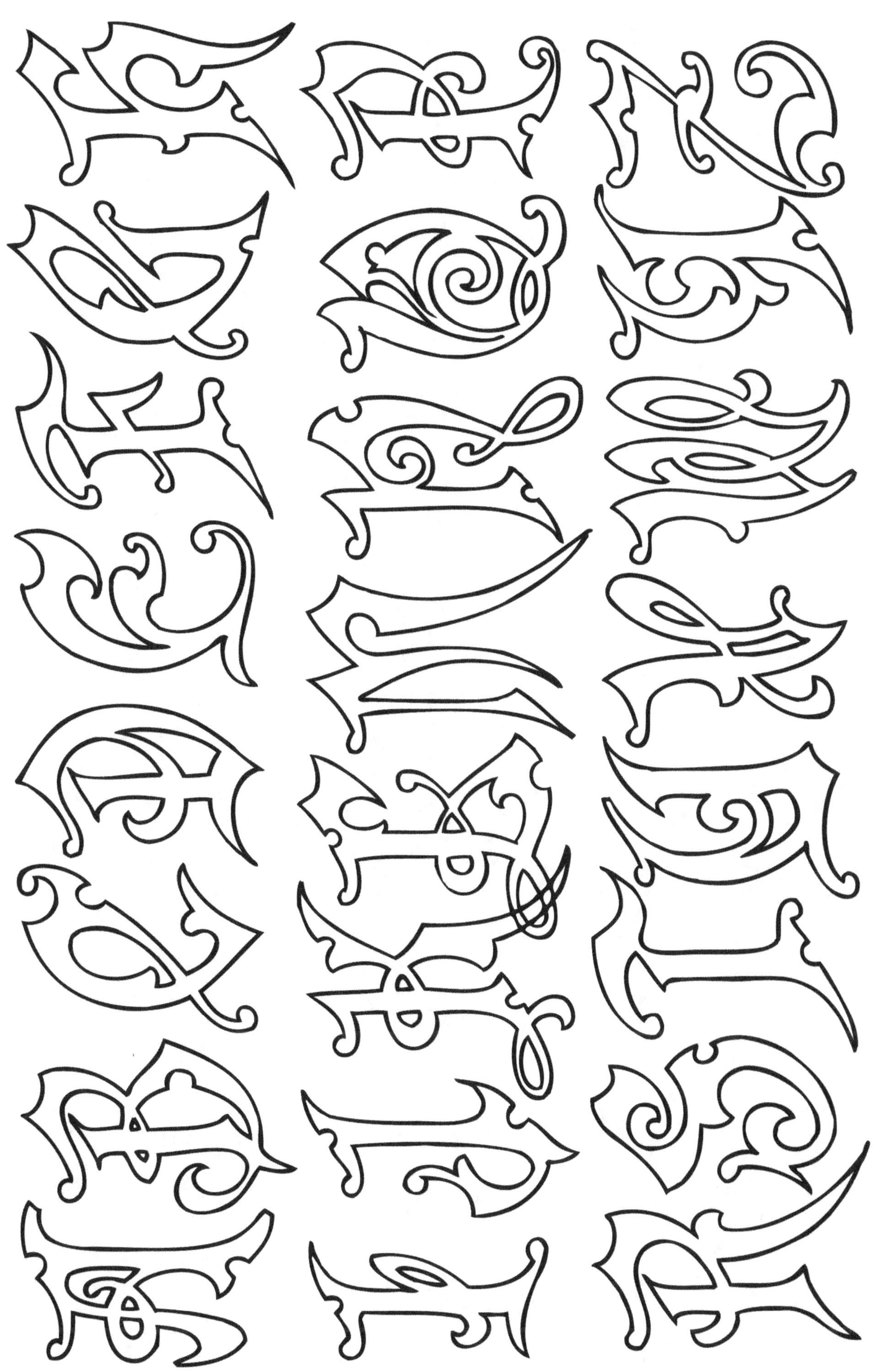

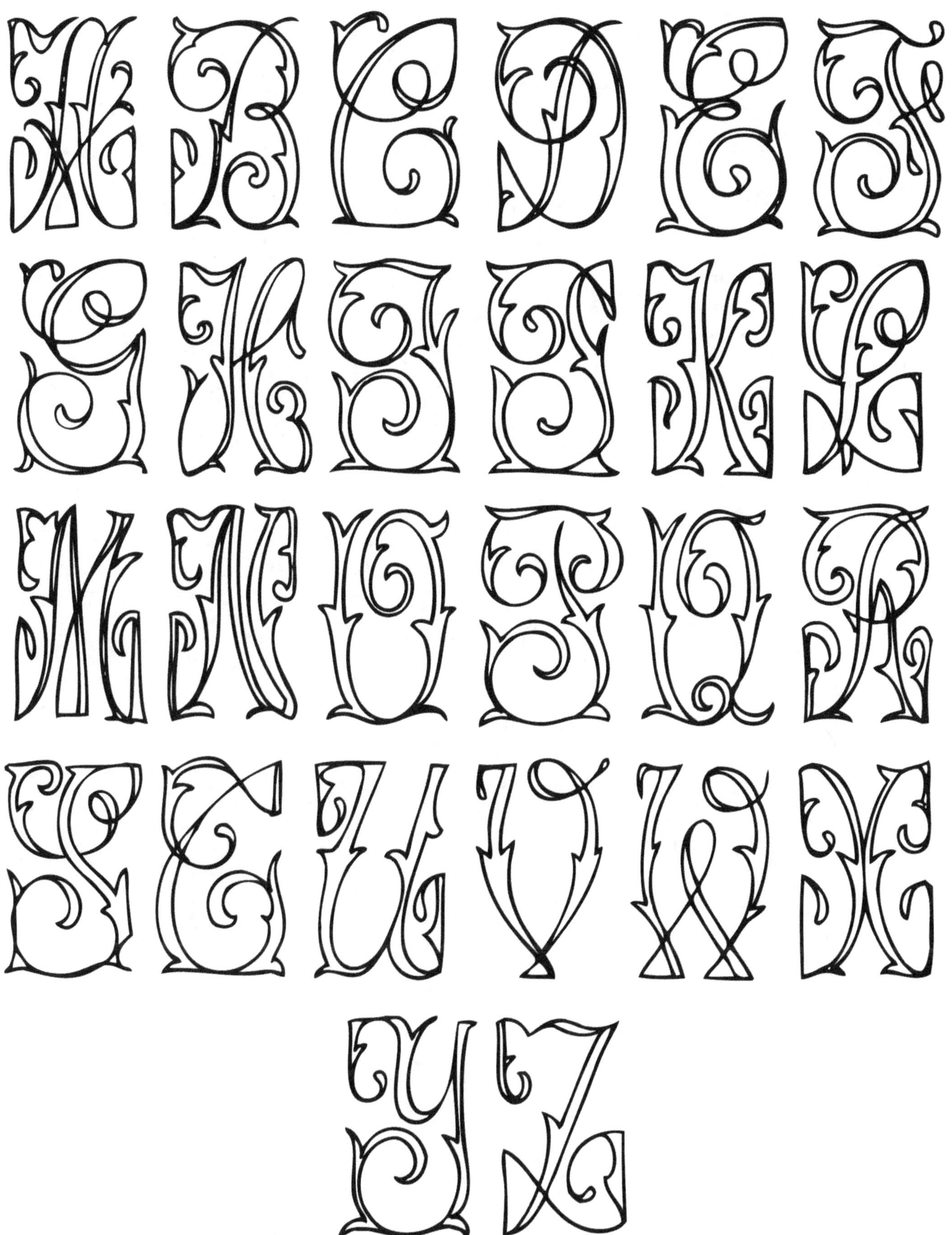

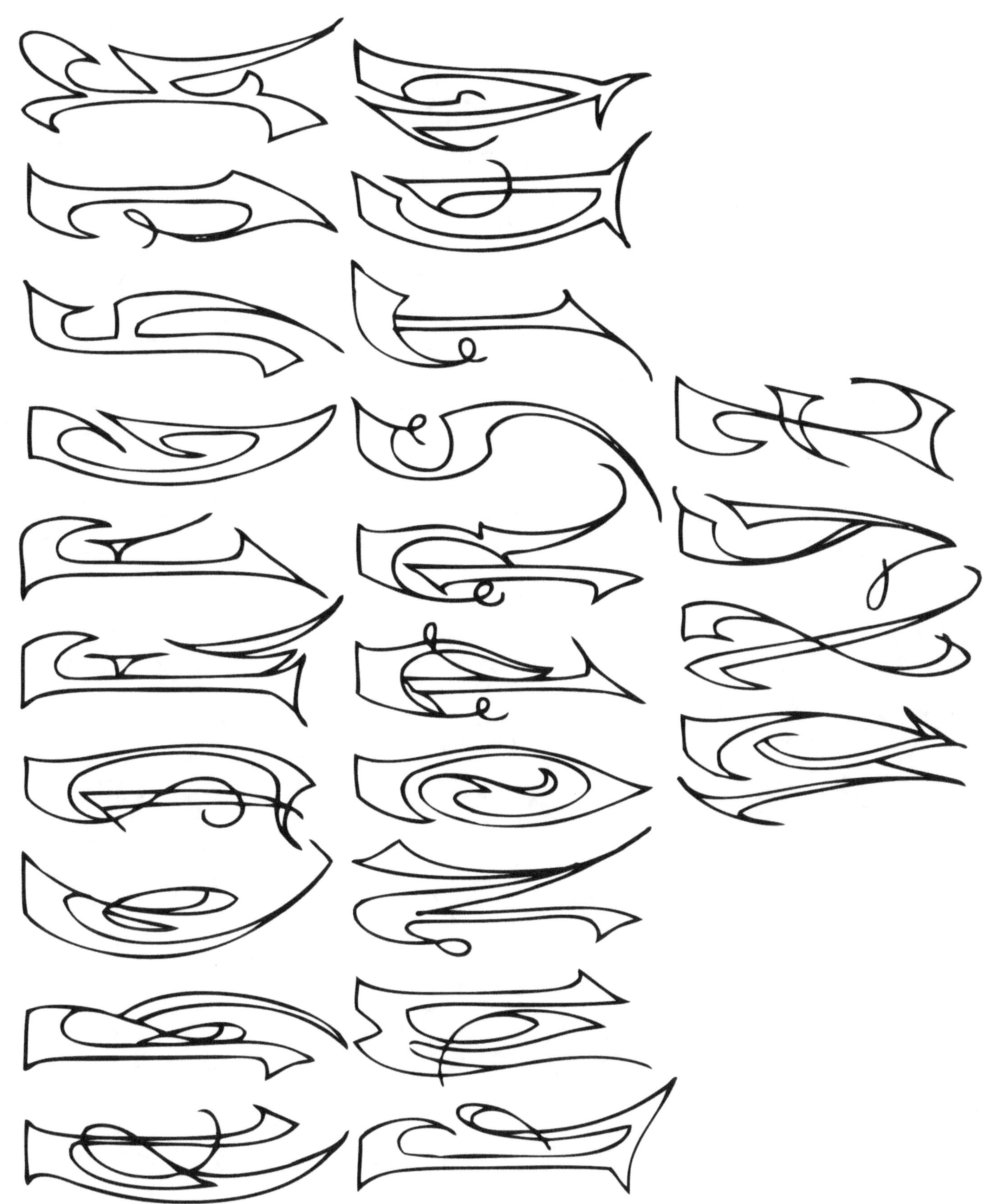

A B C D E F G H

I J K L M N O P Q

R S T U V W X Y Z

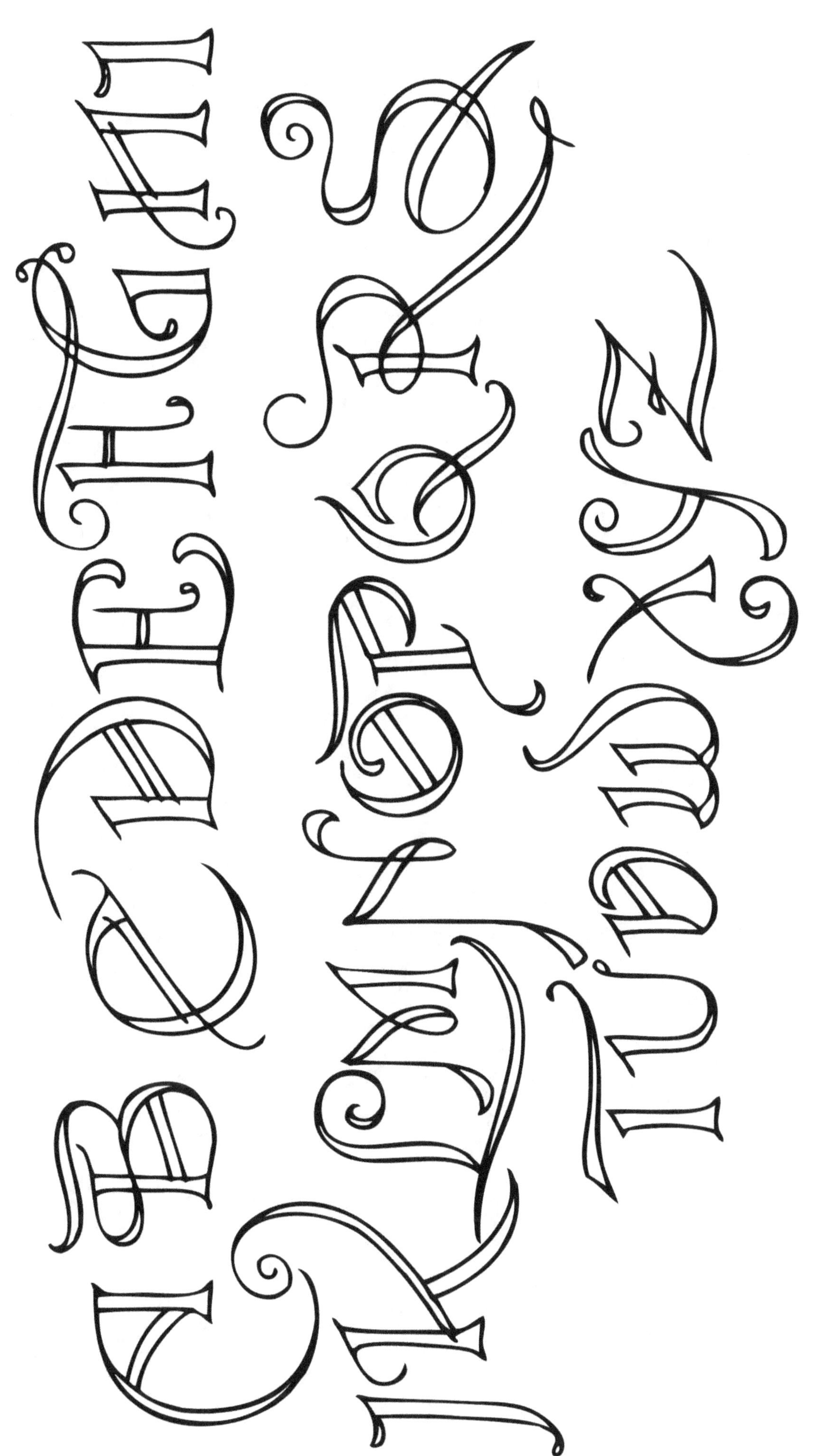

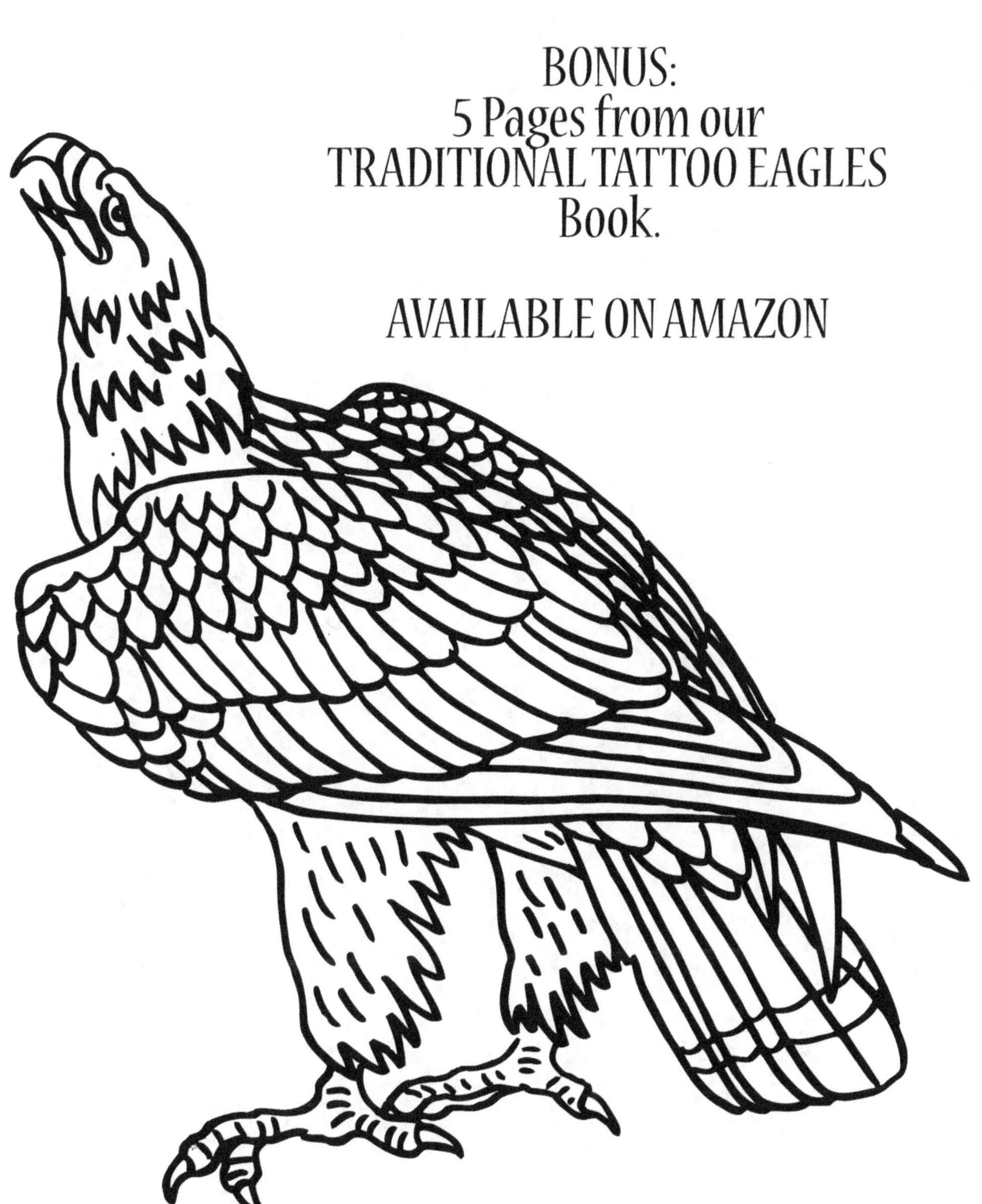

BONUS:
5 Pages from our
TRADITIONAL TATTOO EAGLES
Book.

AVAILABLE ON AMAZON

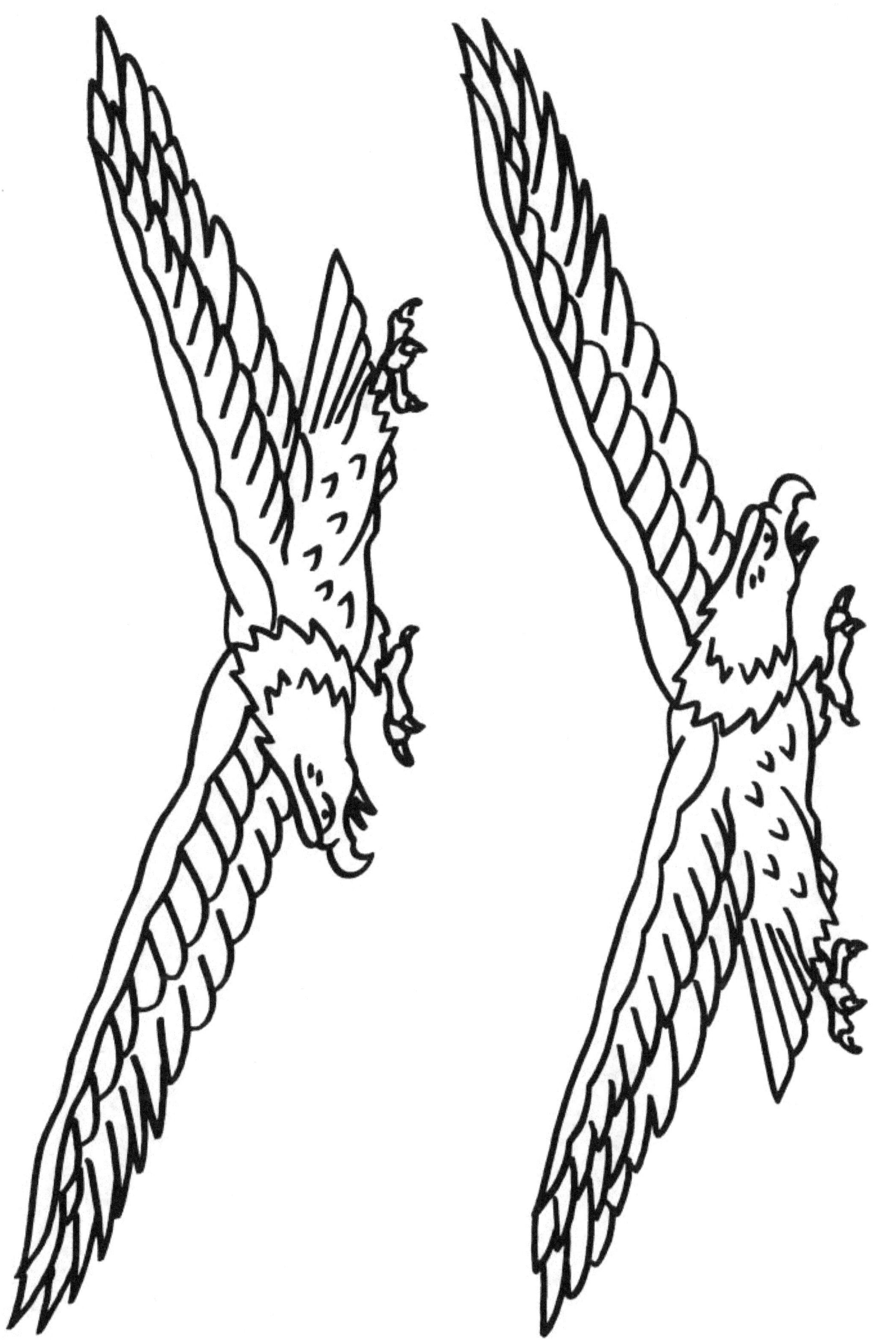

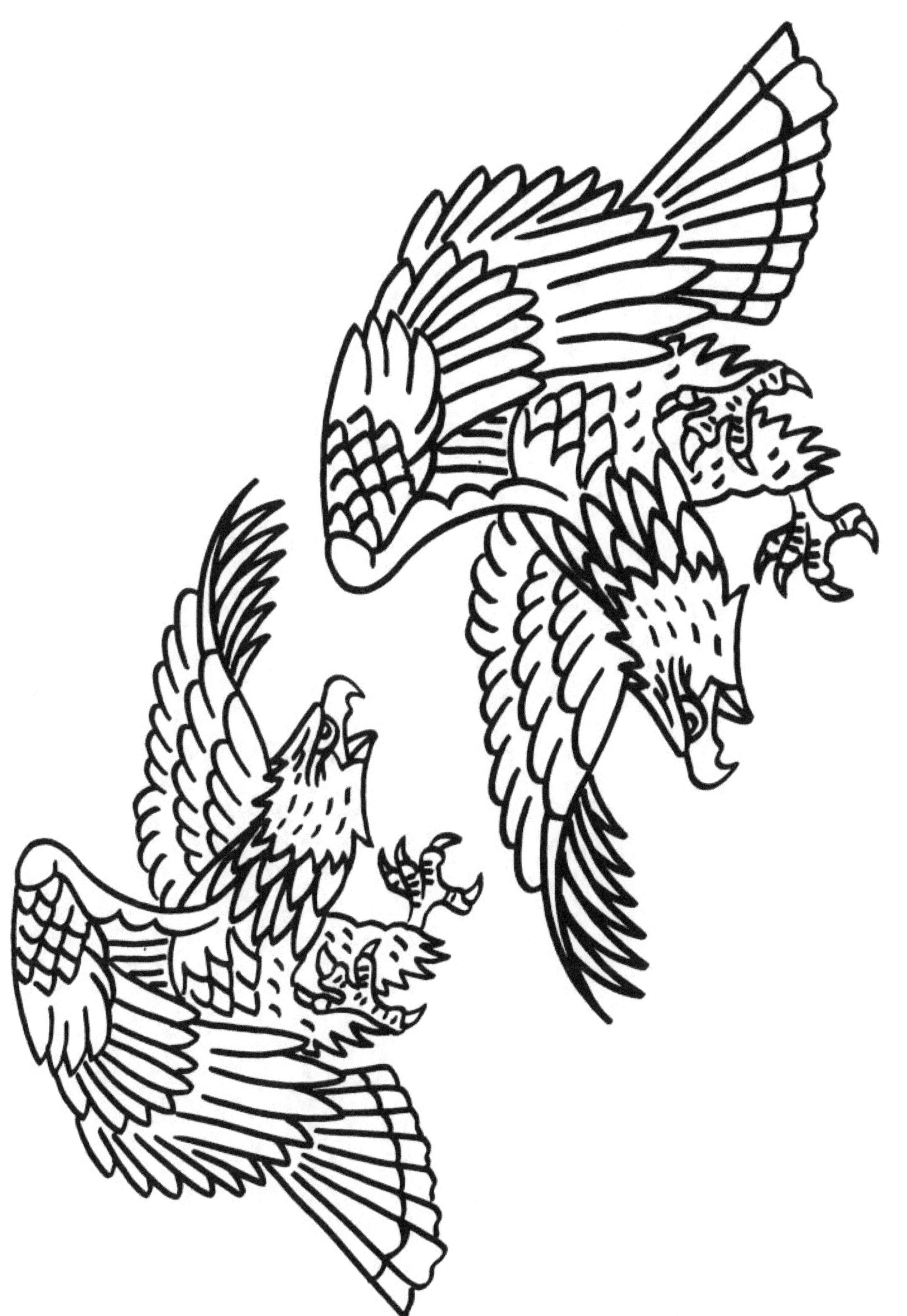

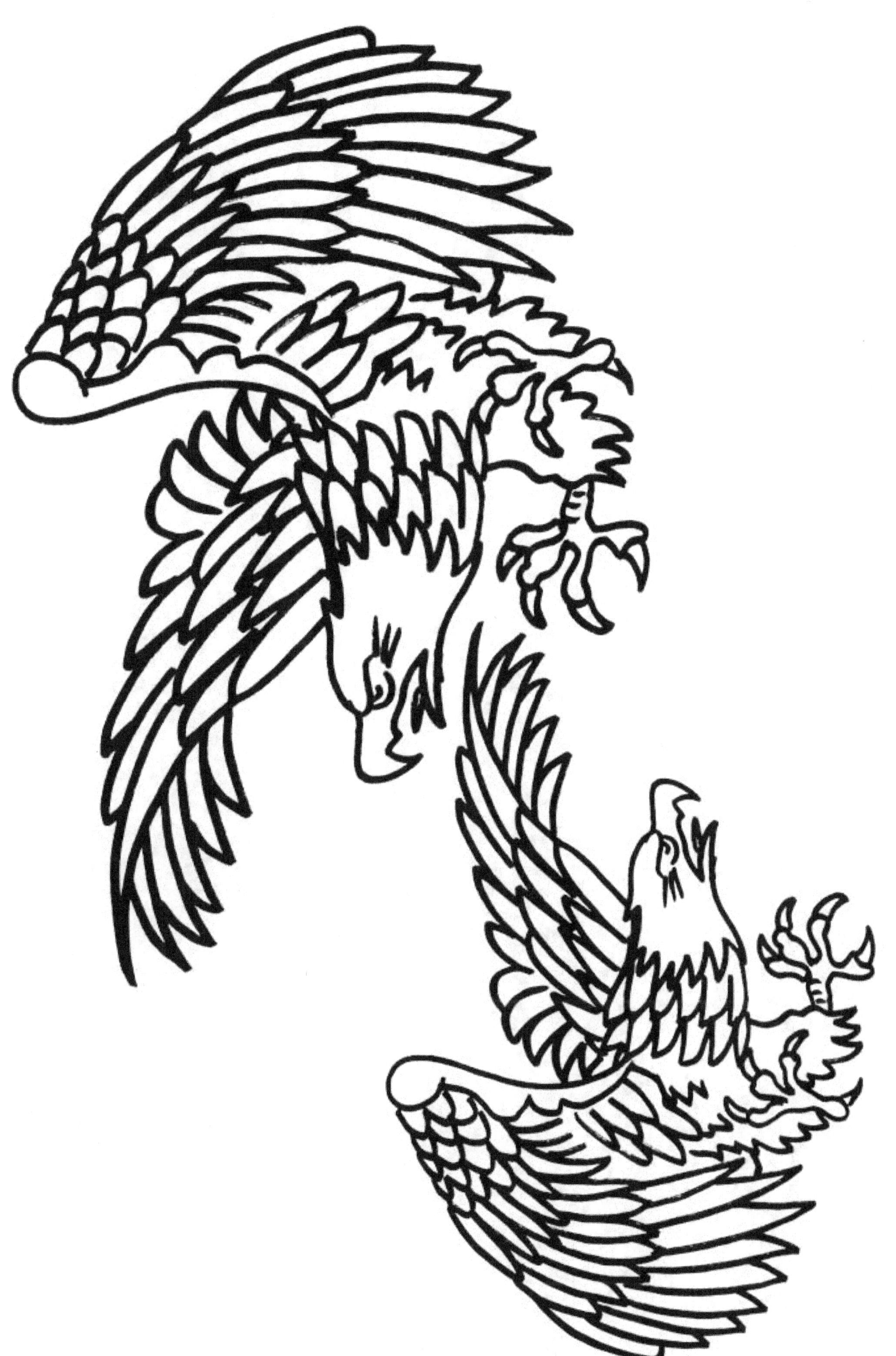

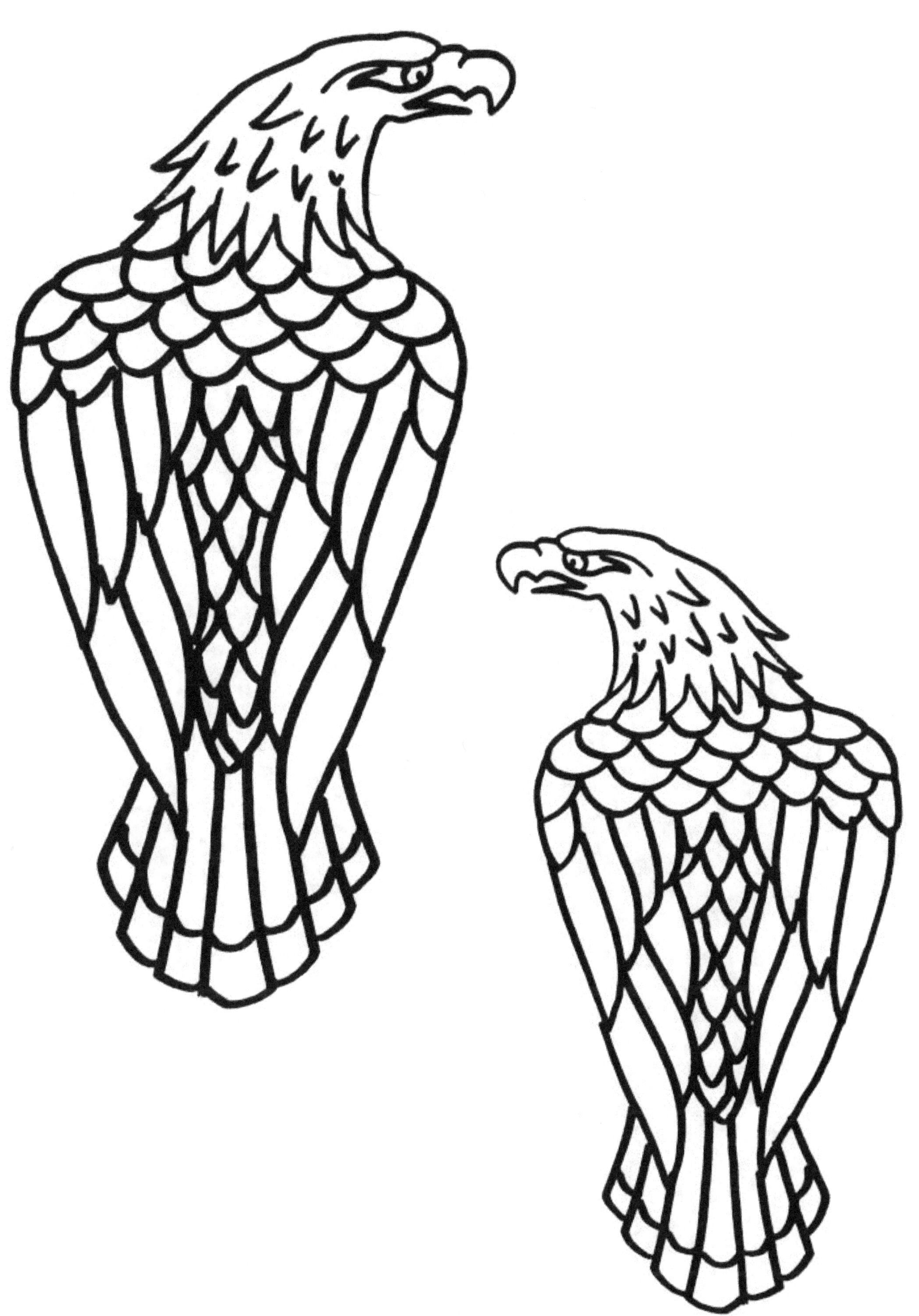

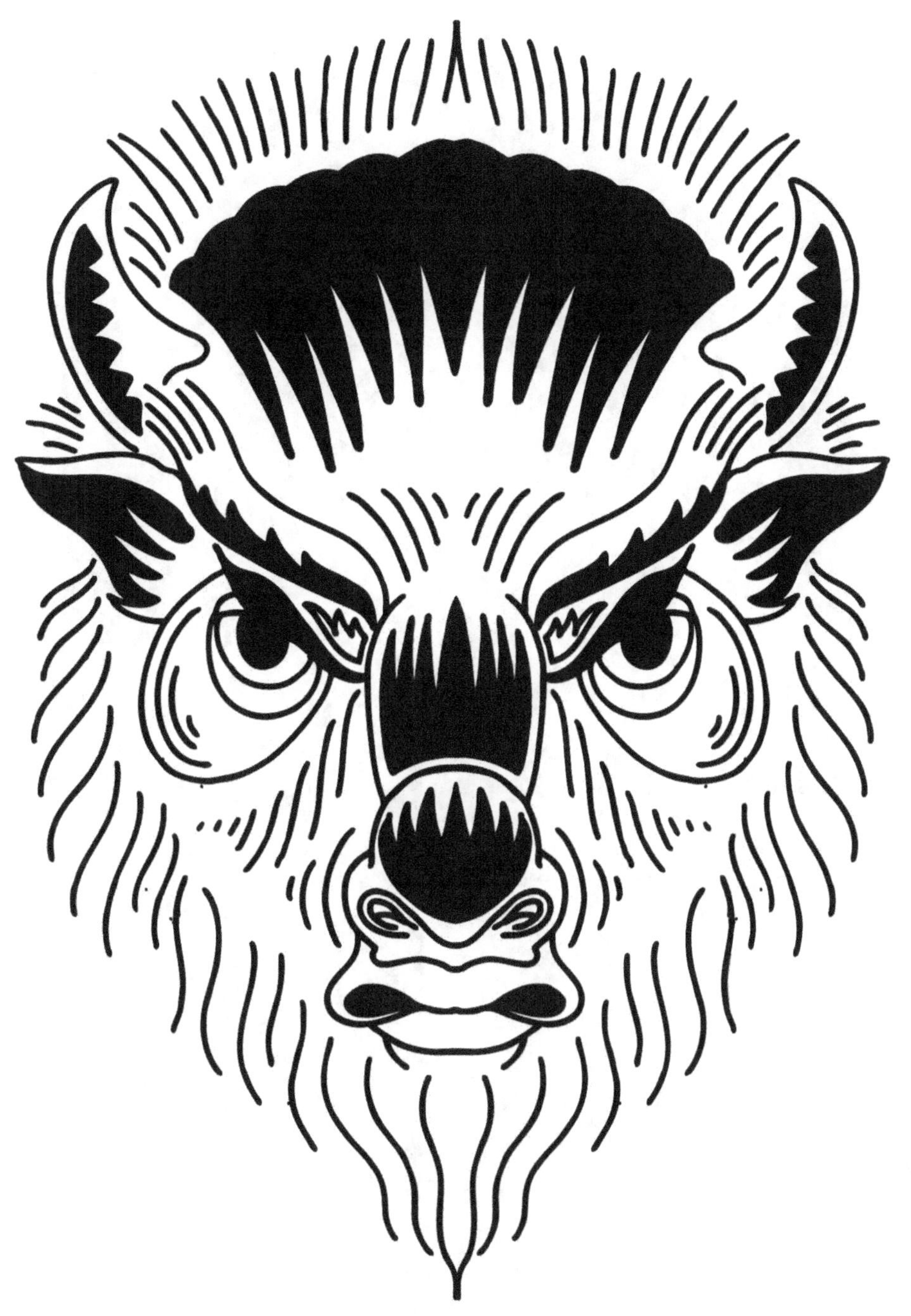

BONUS:
5 Pages from our
TATTOO SHOP SIGN BOOK
Book.

AVAILABLE ON AMAZON

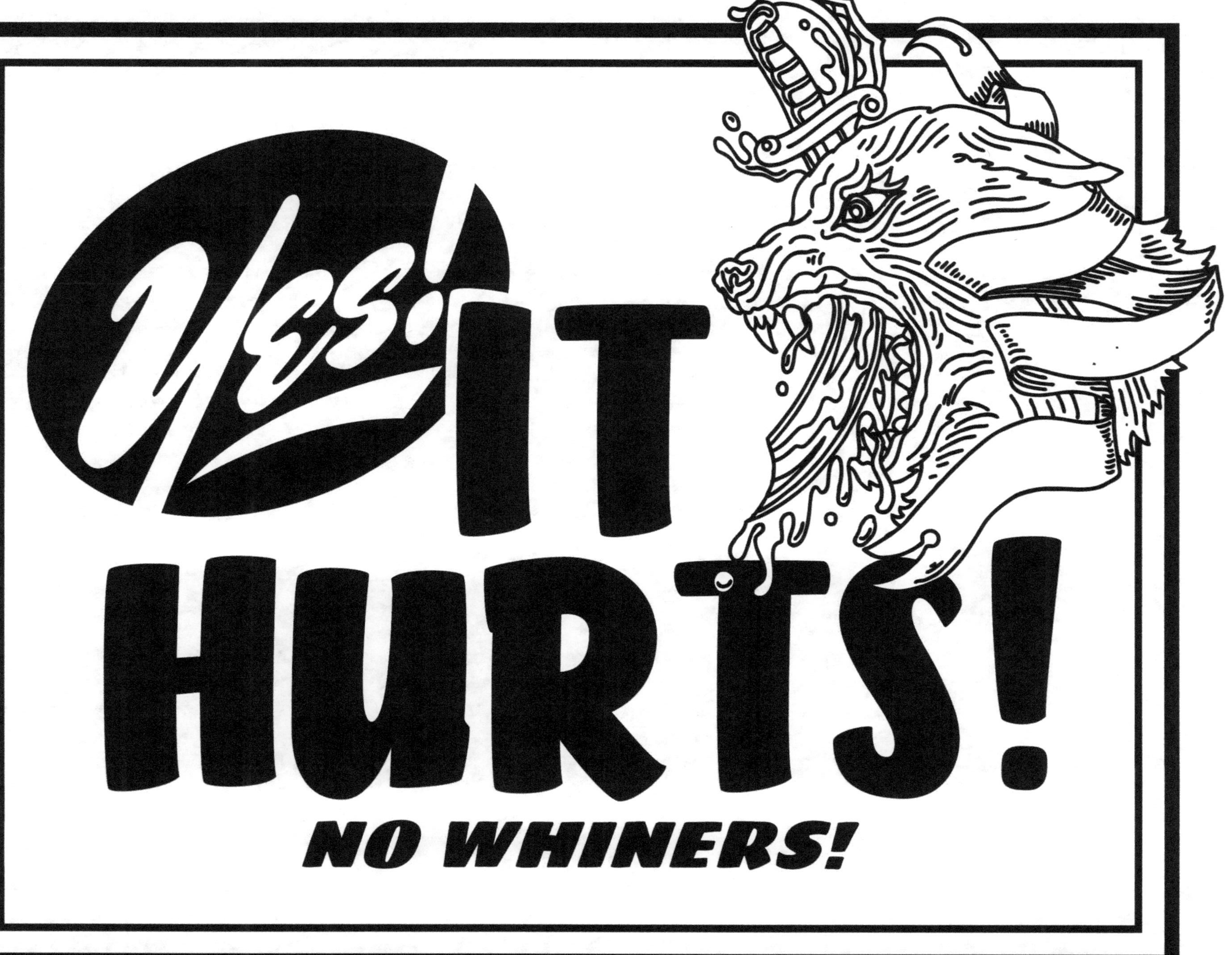

Yes! IT HURTS!
NO WHINERS!
©MMXX CJ HUGHES FOR STEAL THIS FLASH.

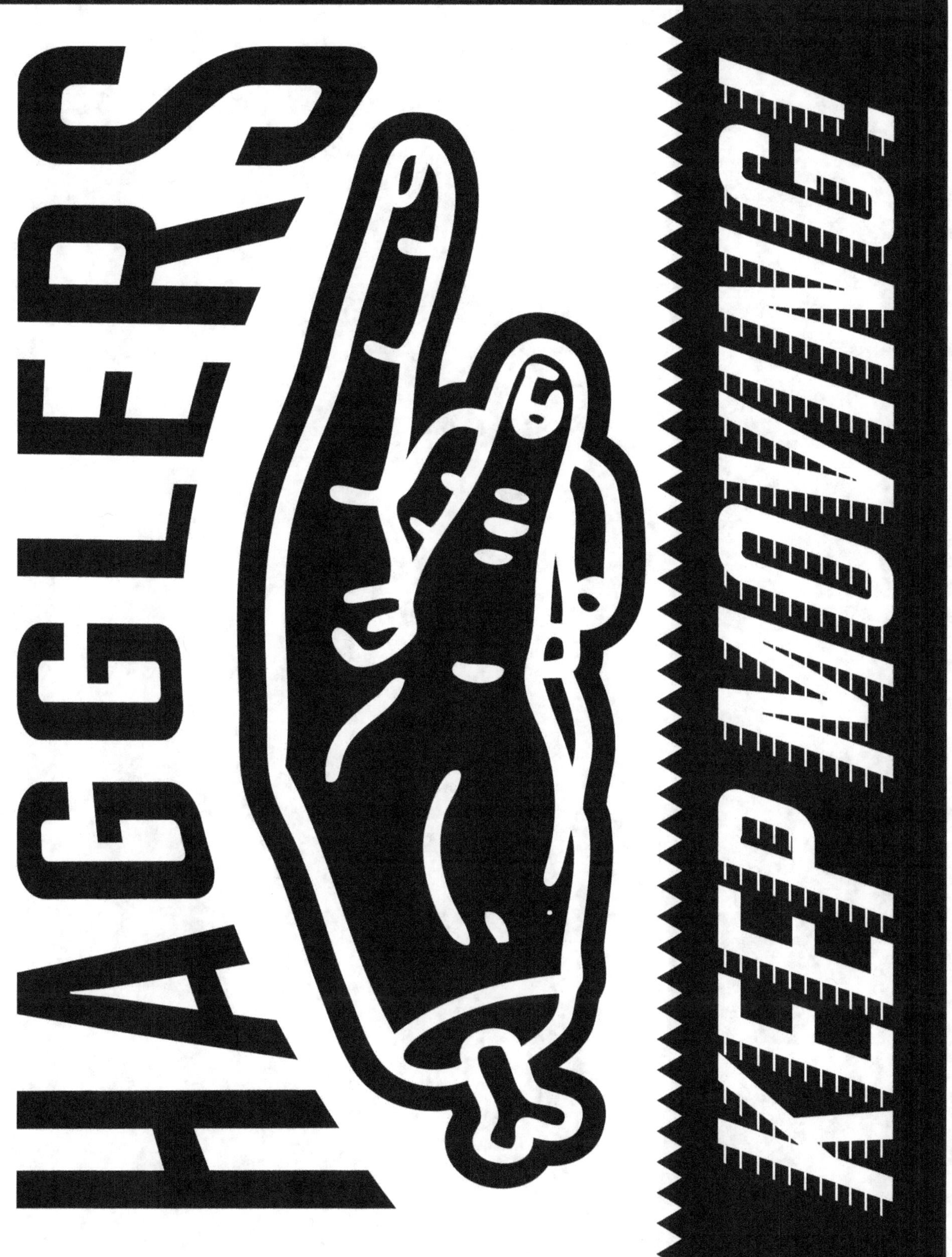

HAGGLERS
KEEP MOVING!
©MMXX CJ HUGHES FOR STEAL THIS FLASH.

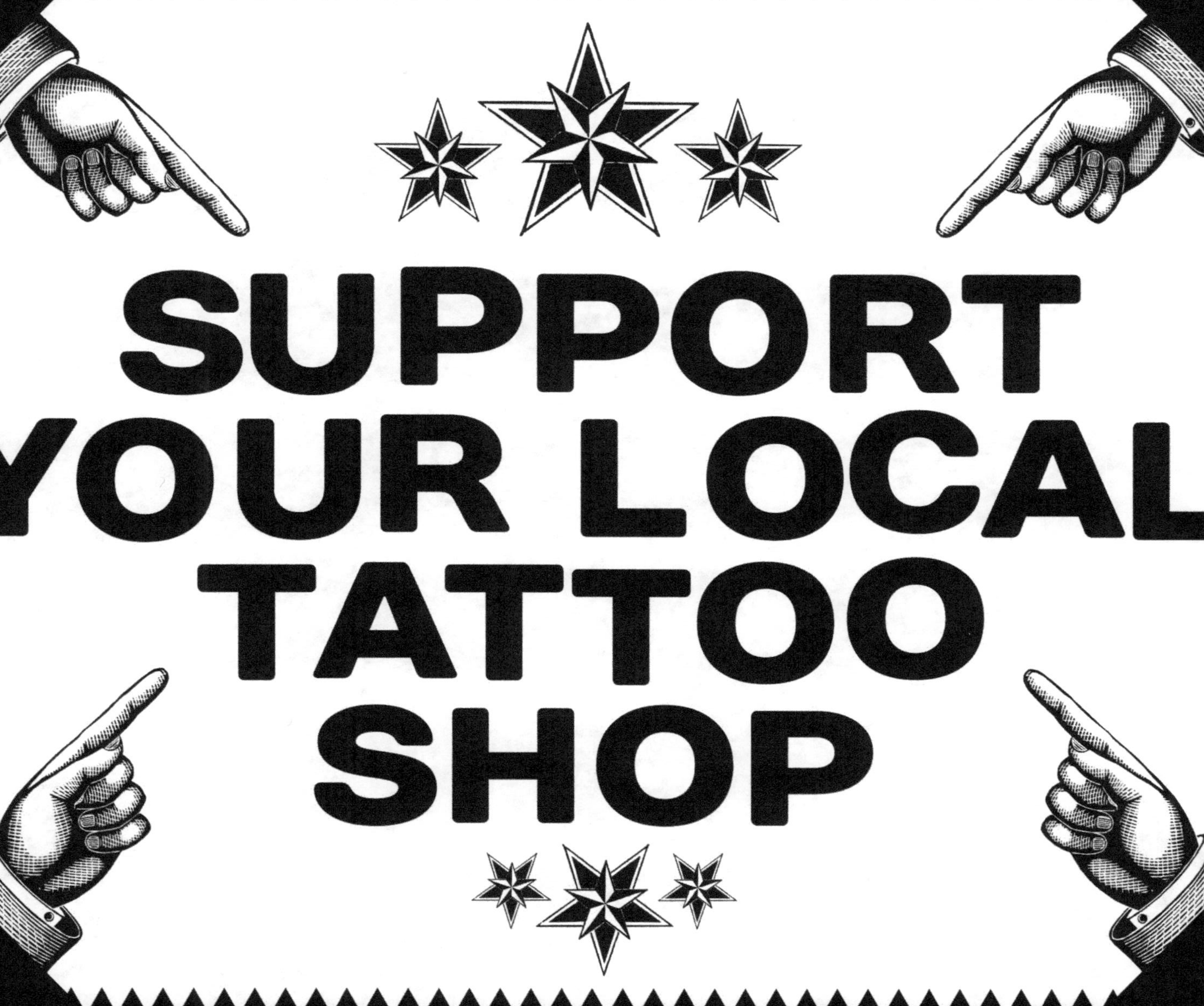

SUPPORT
YOUR LOCAL
TATTOO
SHOP
©MMXX CJ HUGHES FOR STEAL THIS FLASH.

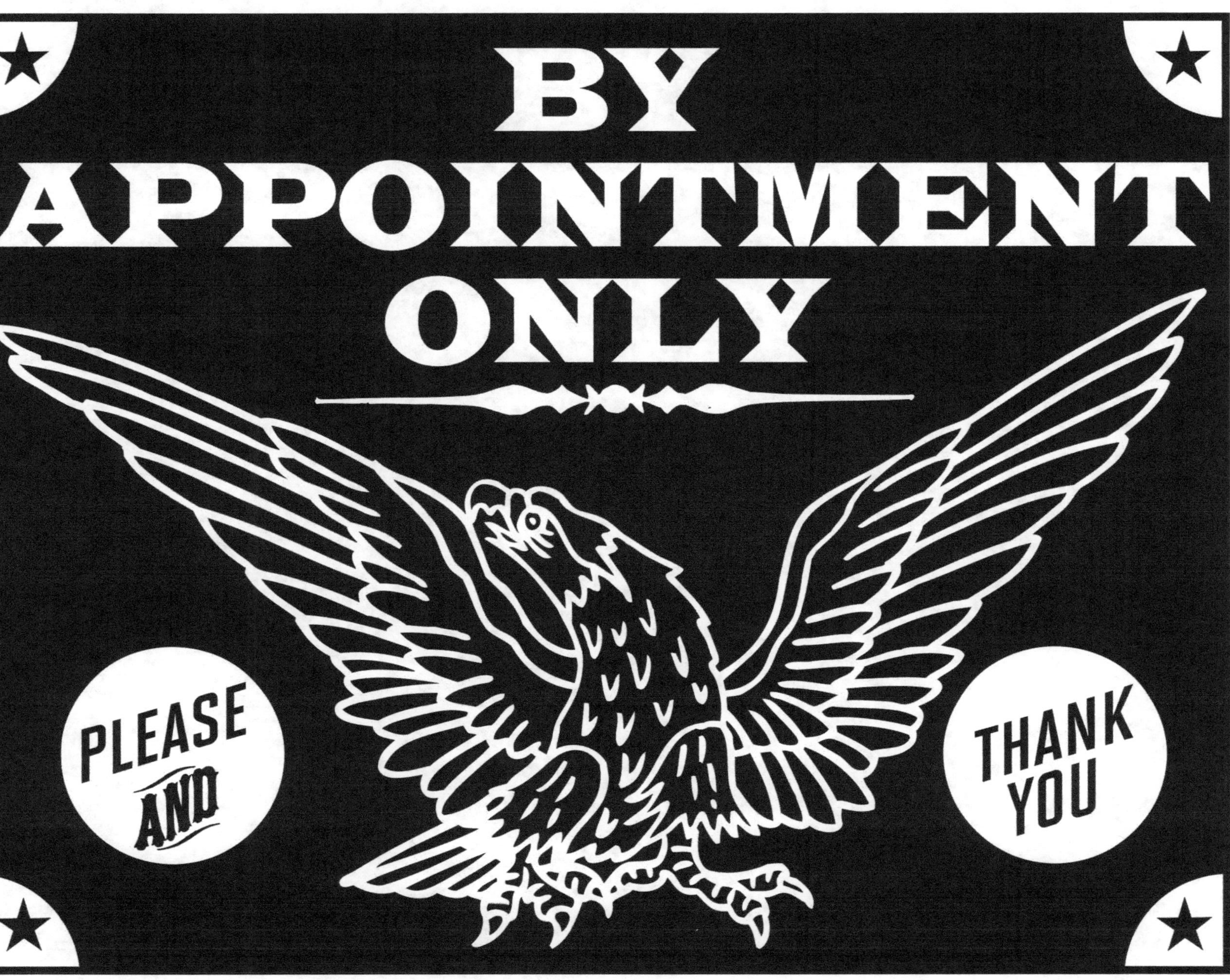

BY
APPOINTMENT
ONLY
PLEASE AND
THANK YOU
©MMXX CJ HUGHES FOR STEAL THIS FLASH.

MODERN
ELECTRIC
TATTOOING

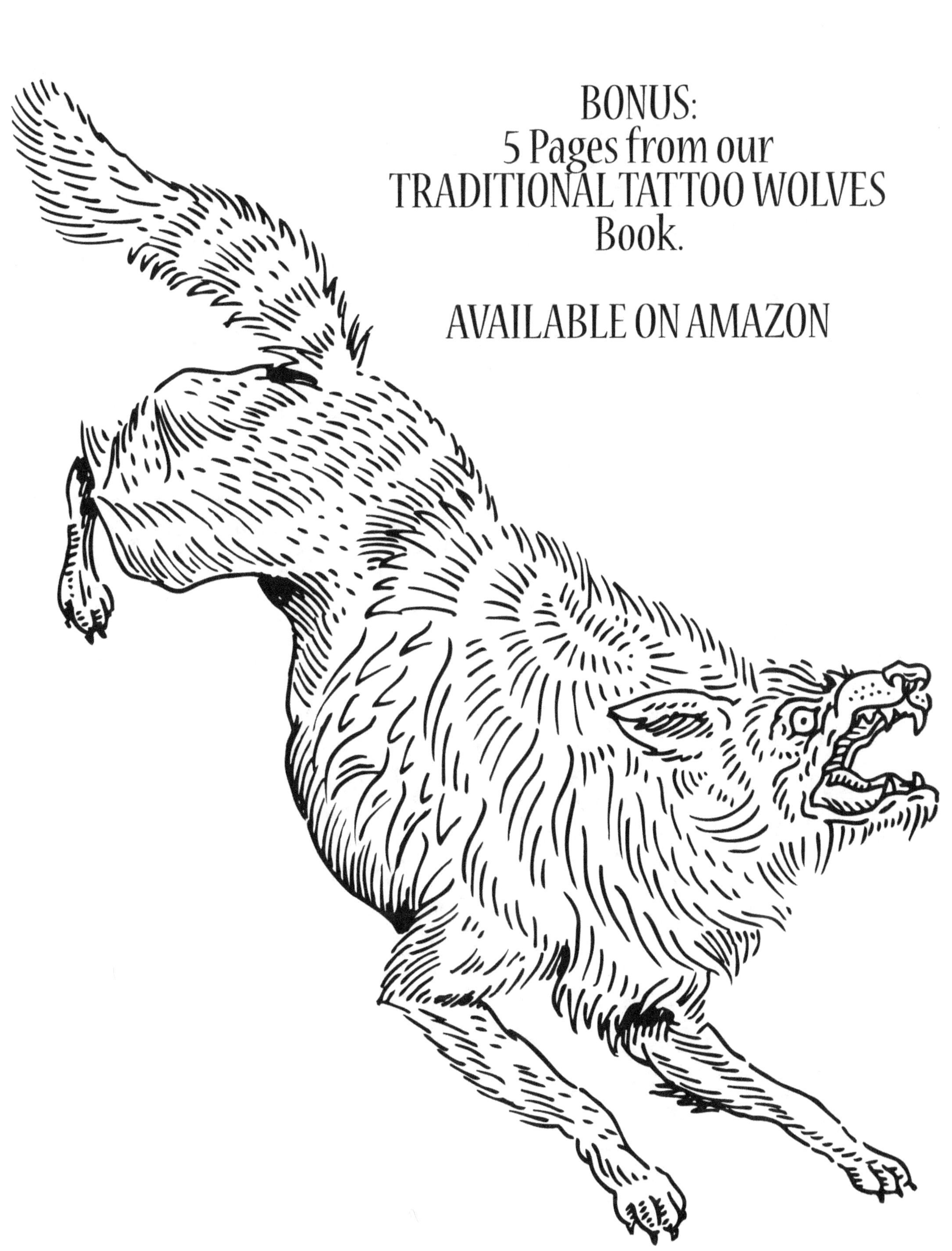

BONUS:
5 Pages from our
TRADITIONAL TATTOO WOLVES
Book.

AVAILABLE ON AMAZON

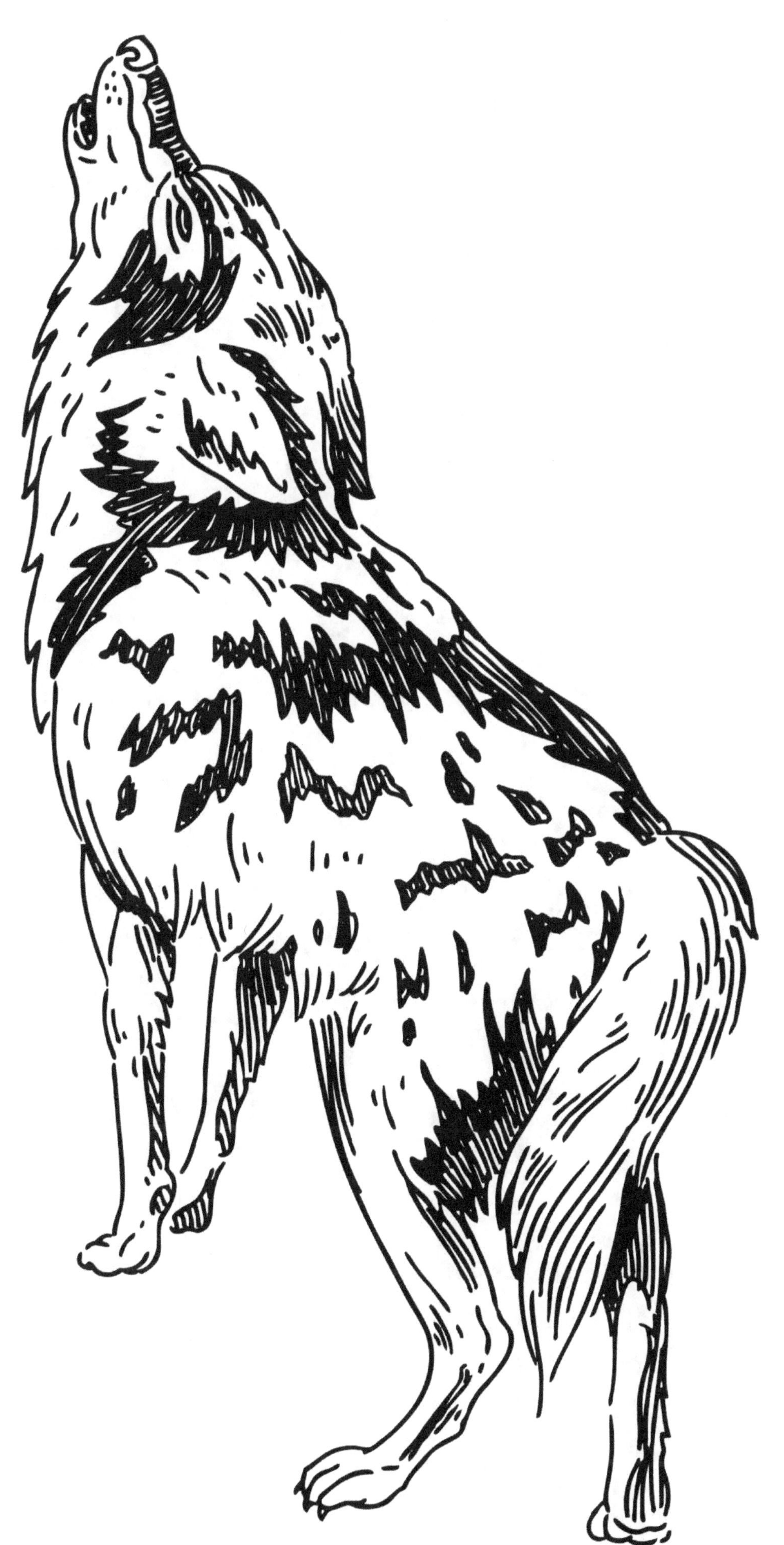

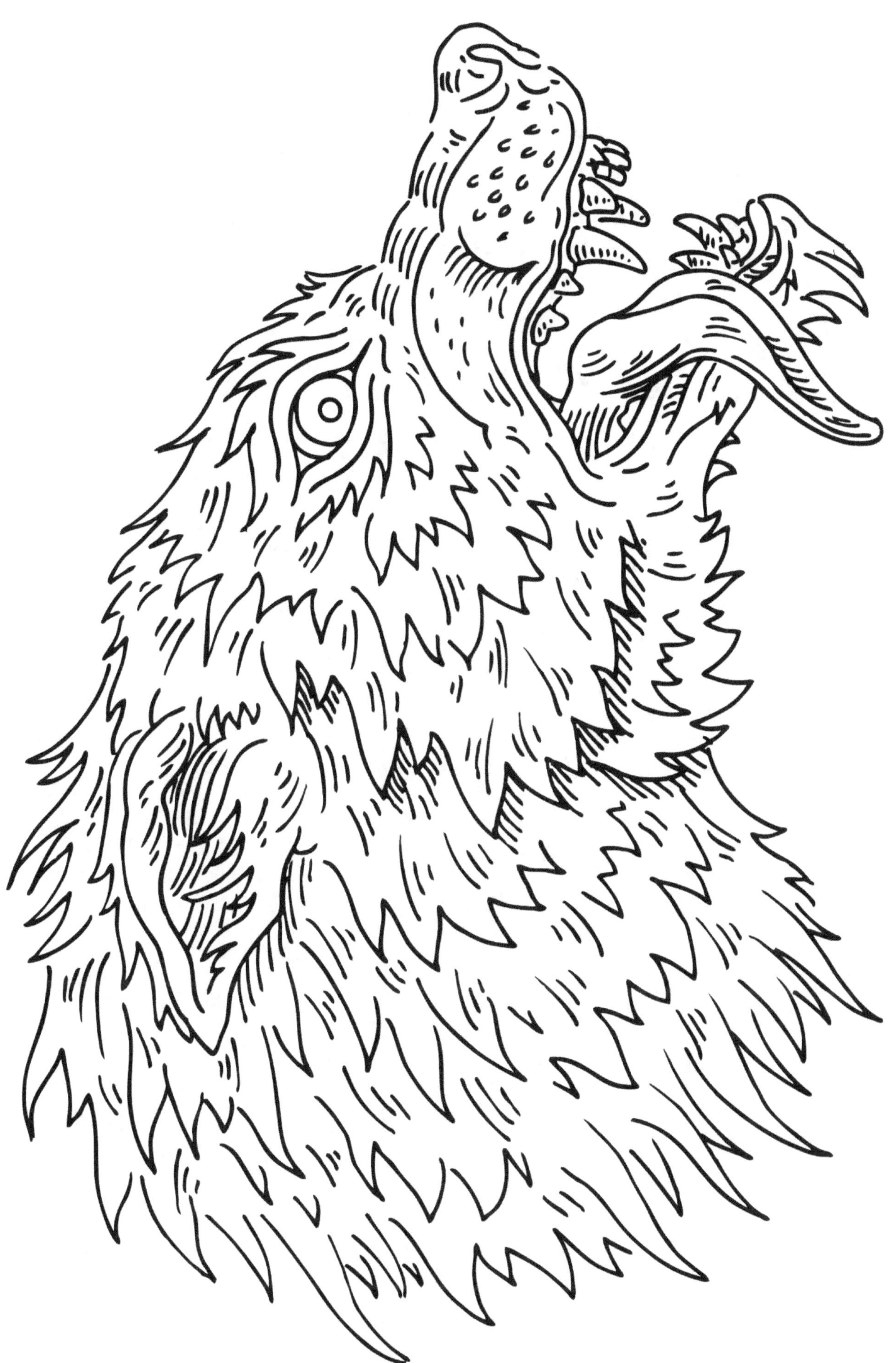

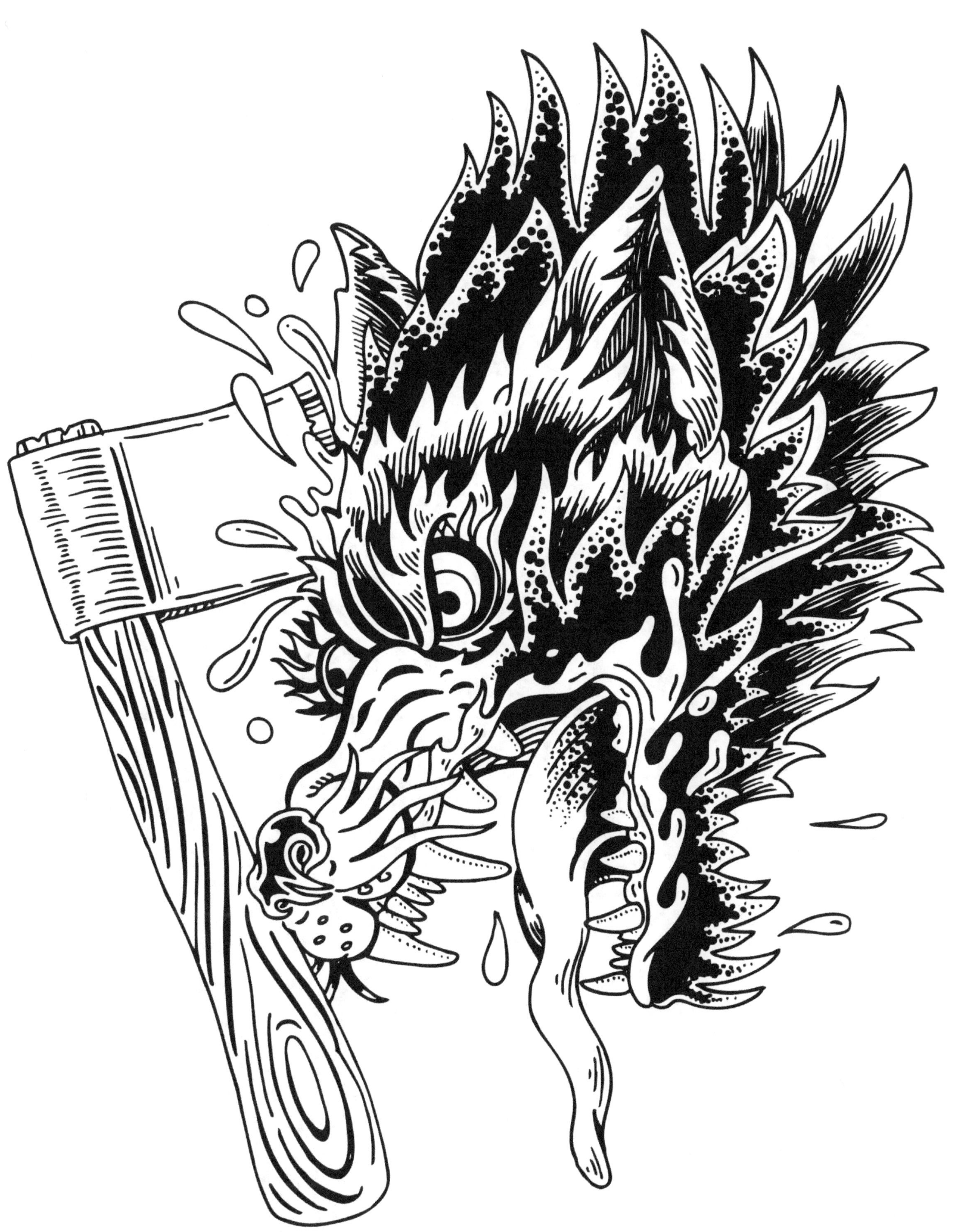

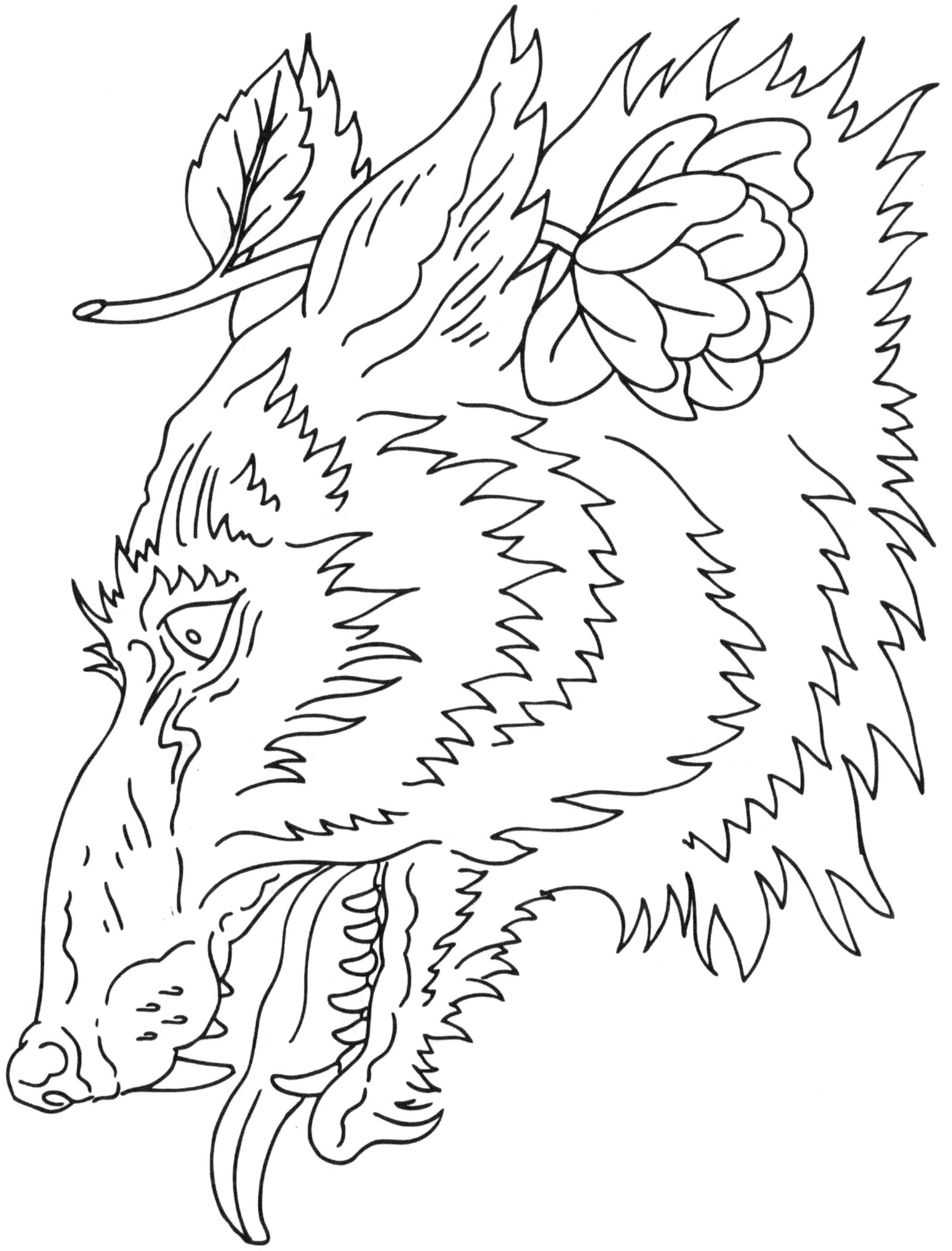

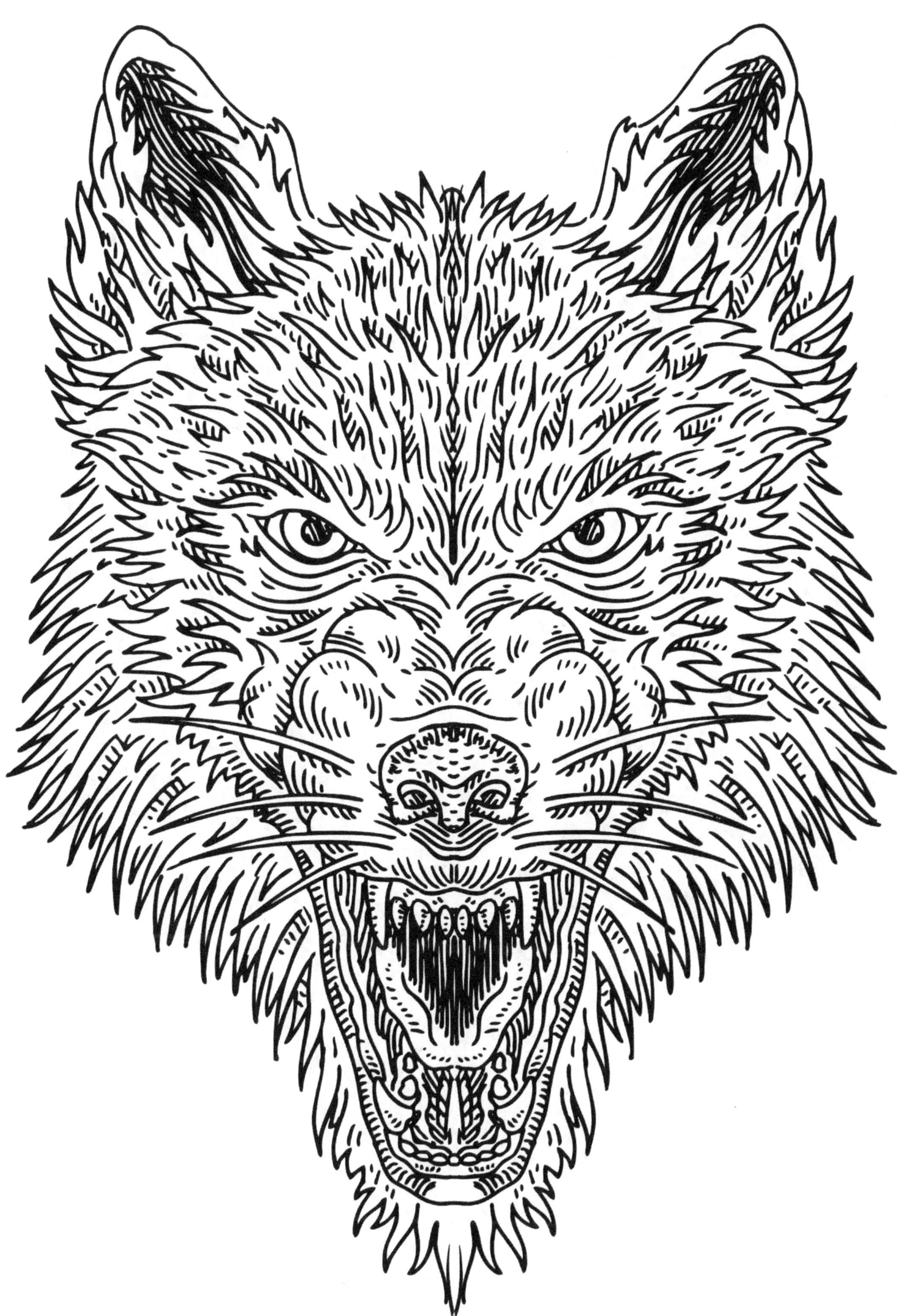

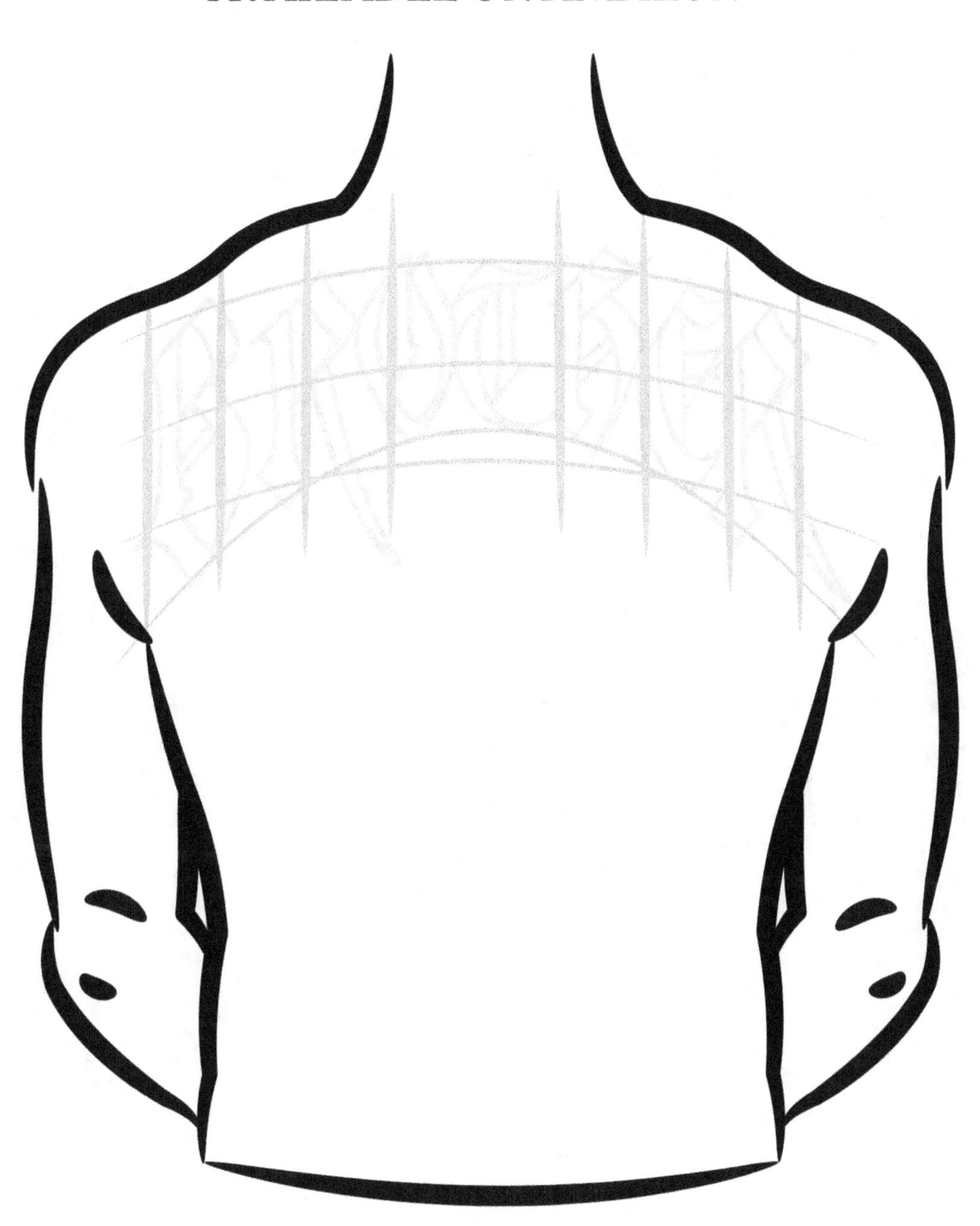

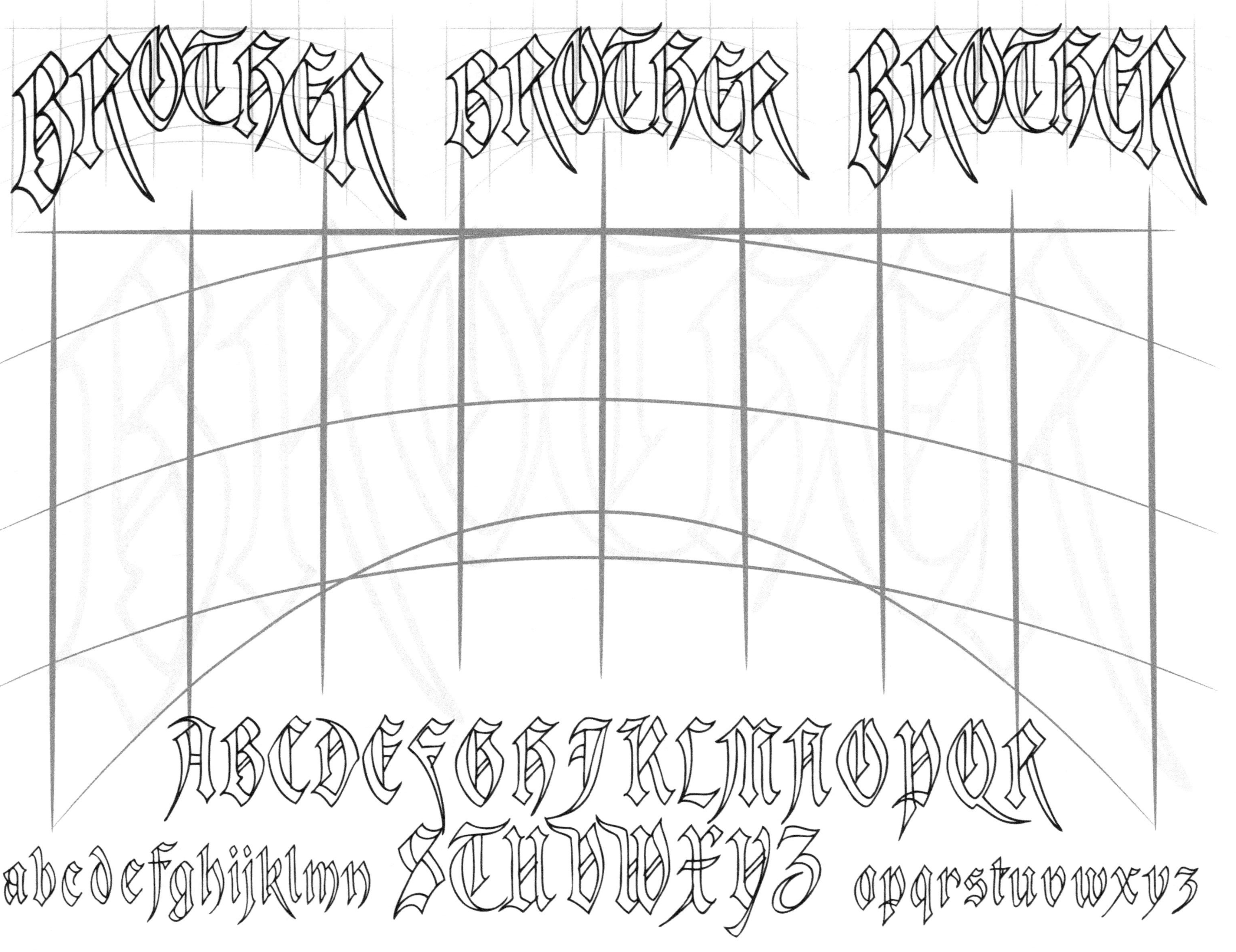
BROTHER BROTHER BROTHER
ABCDEFGHIJKLMNOPQR
STUVWXYZ
abcdefghijklmn opqrstuvwxyz

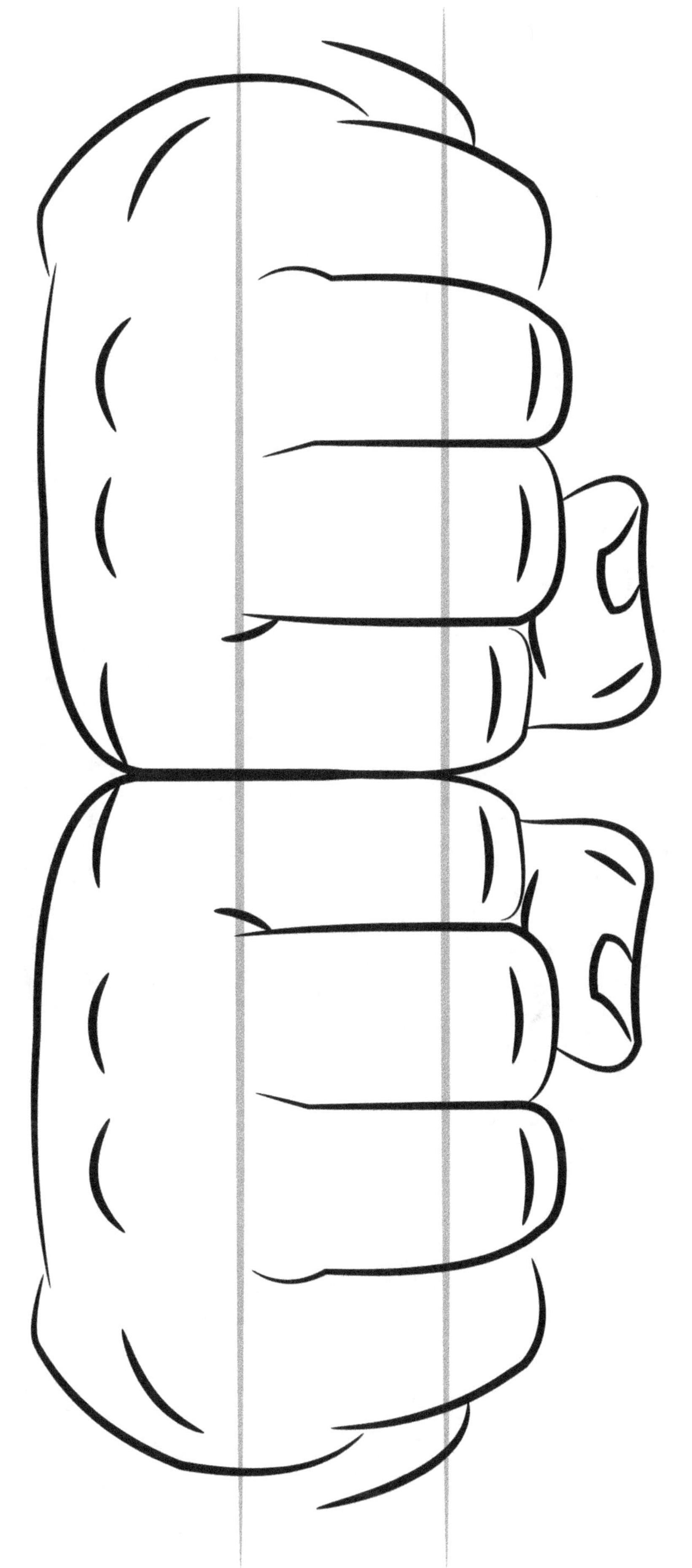

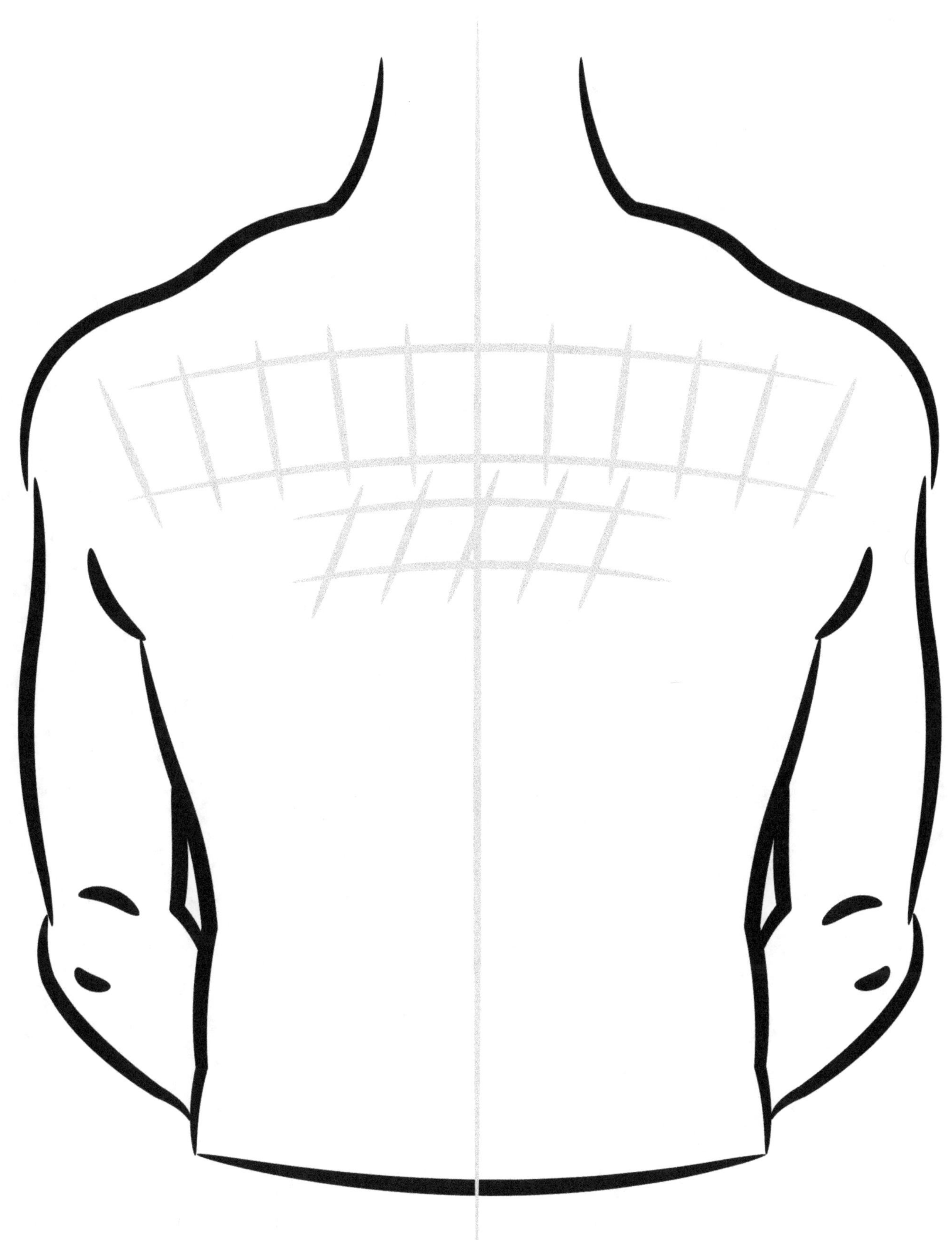

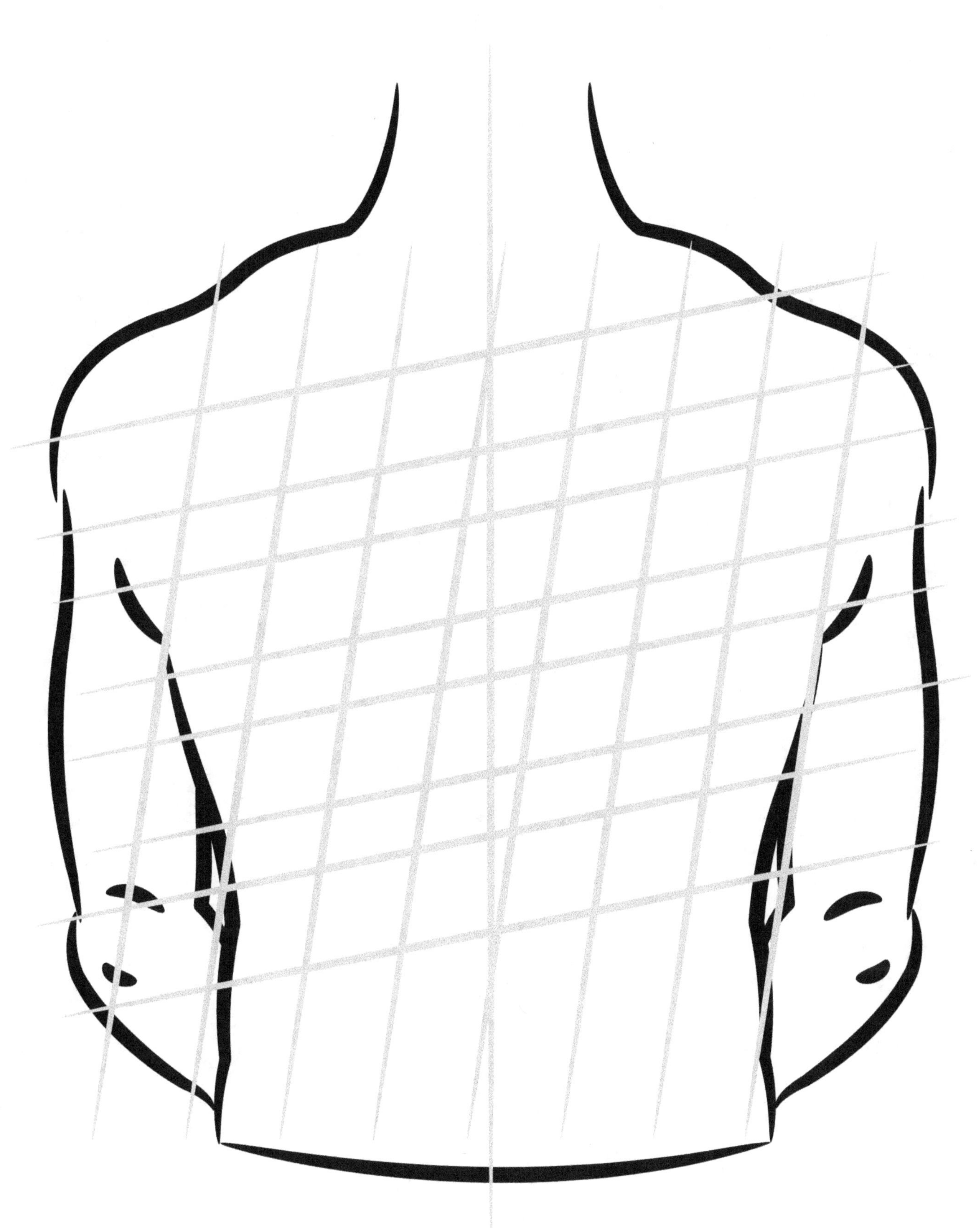

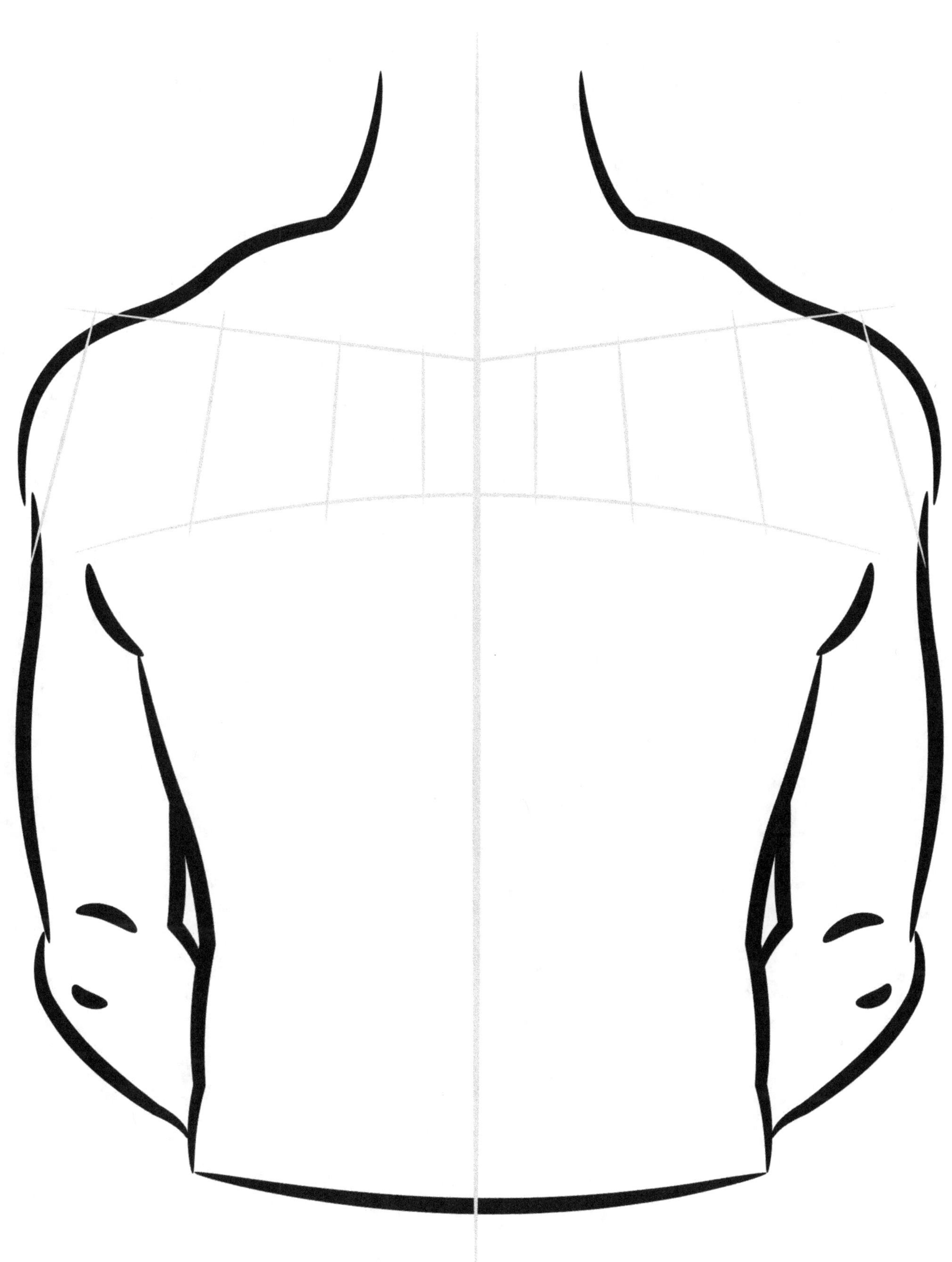

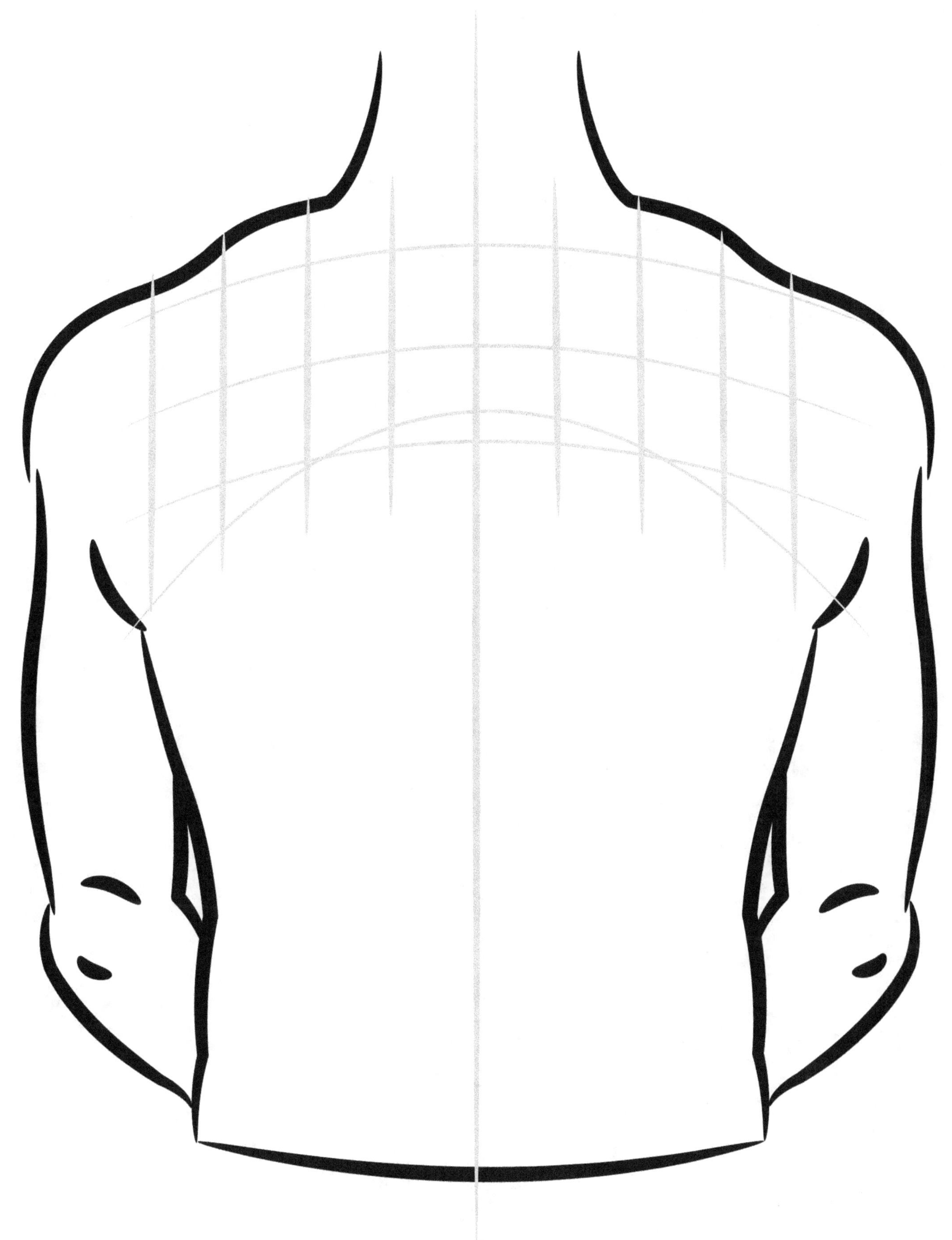

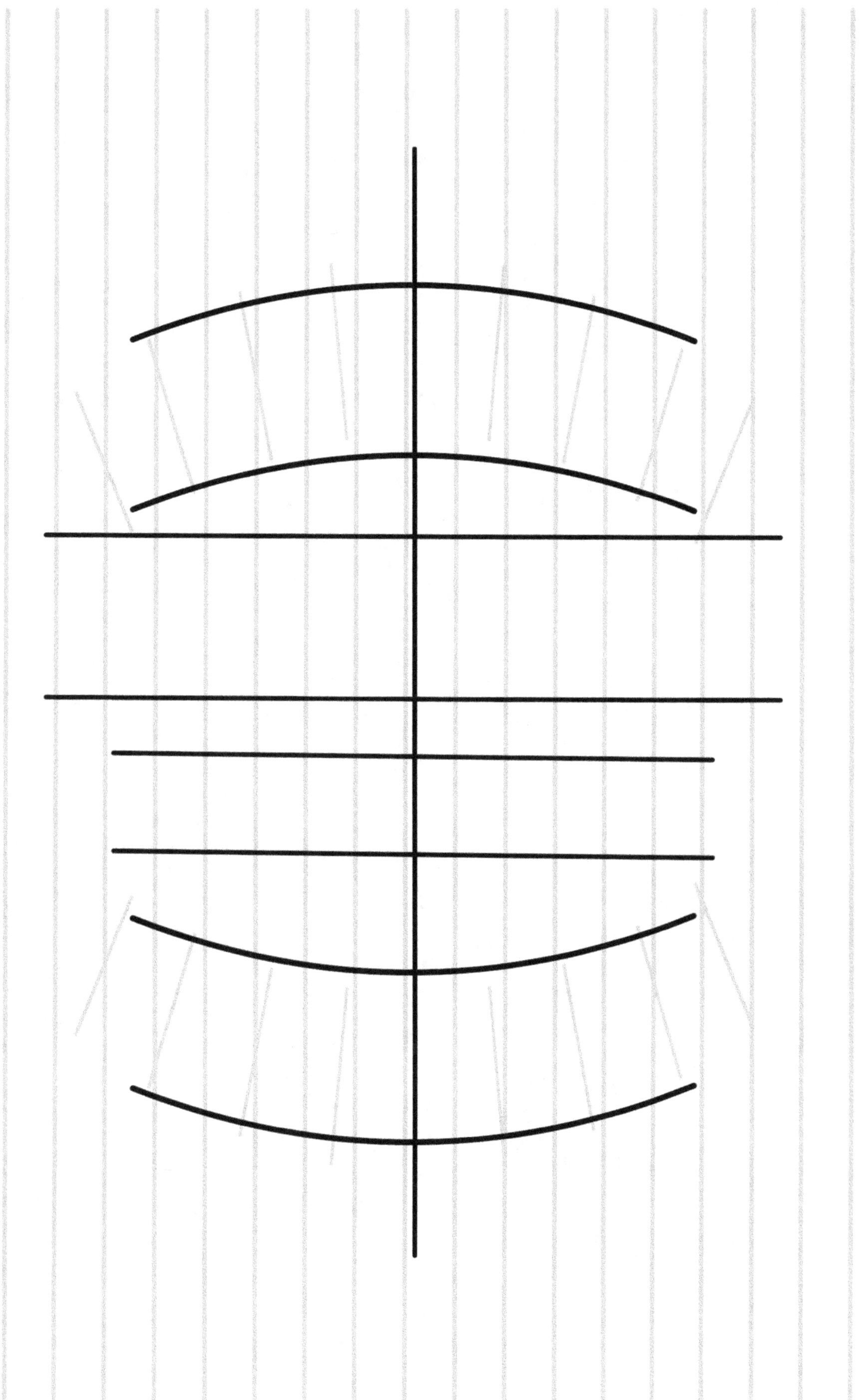

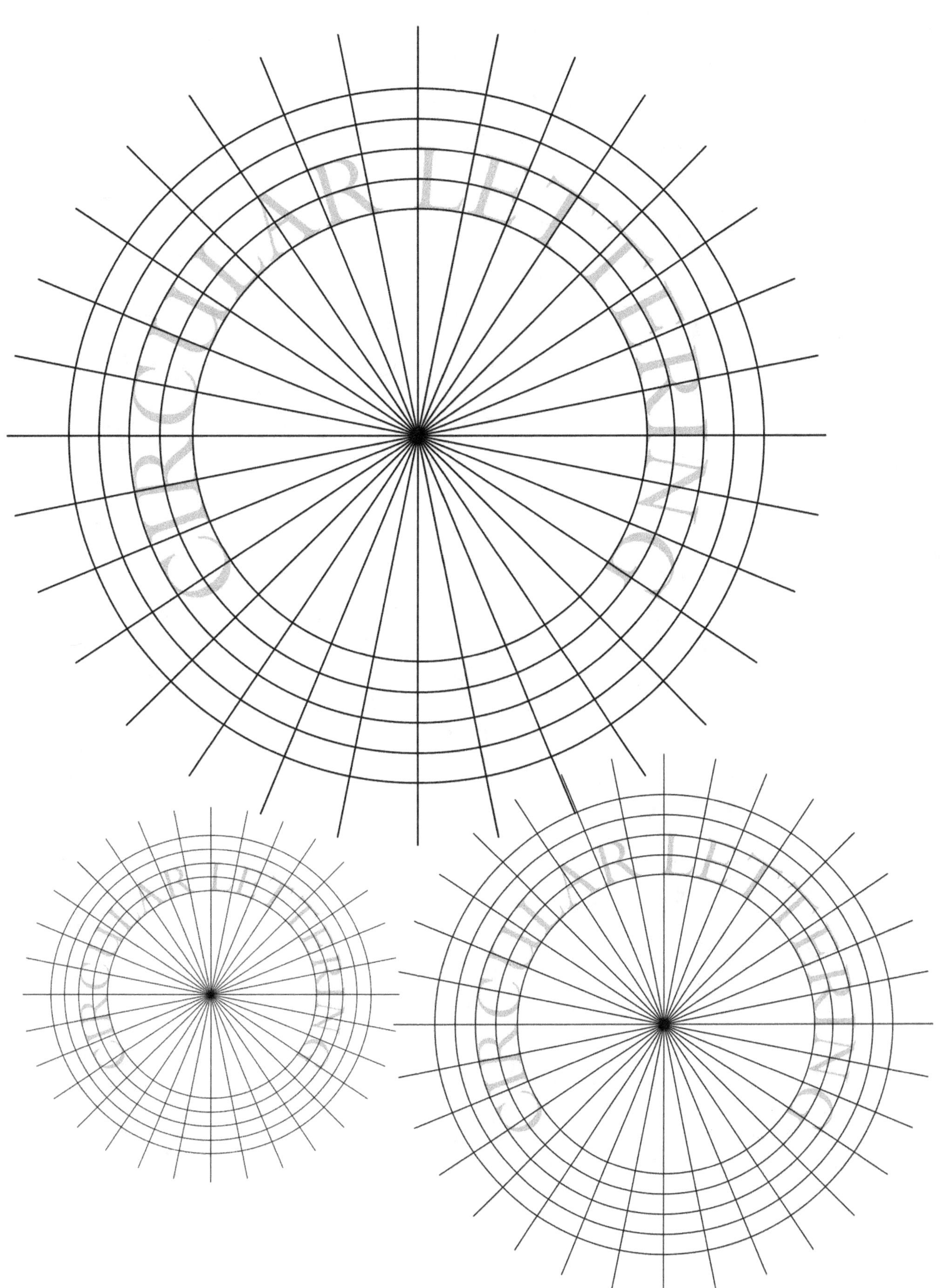

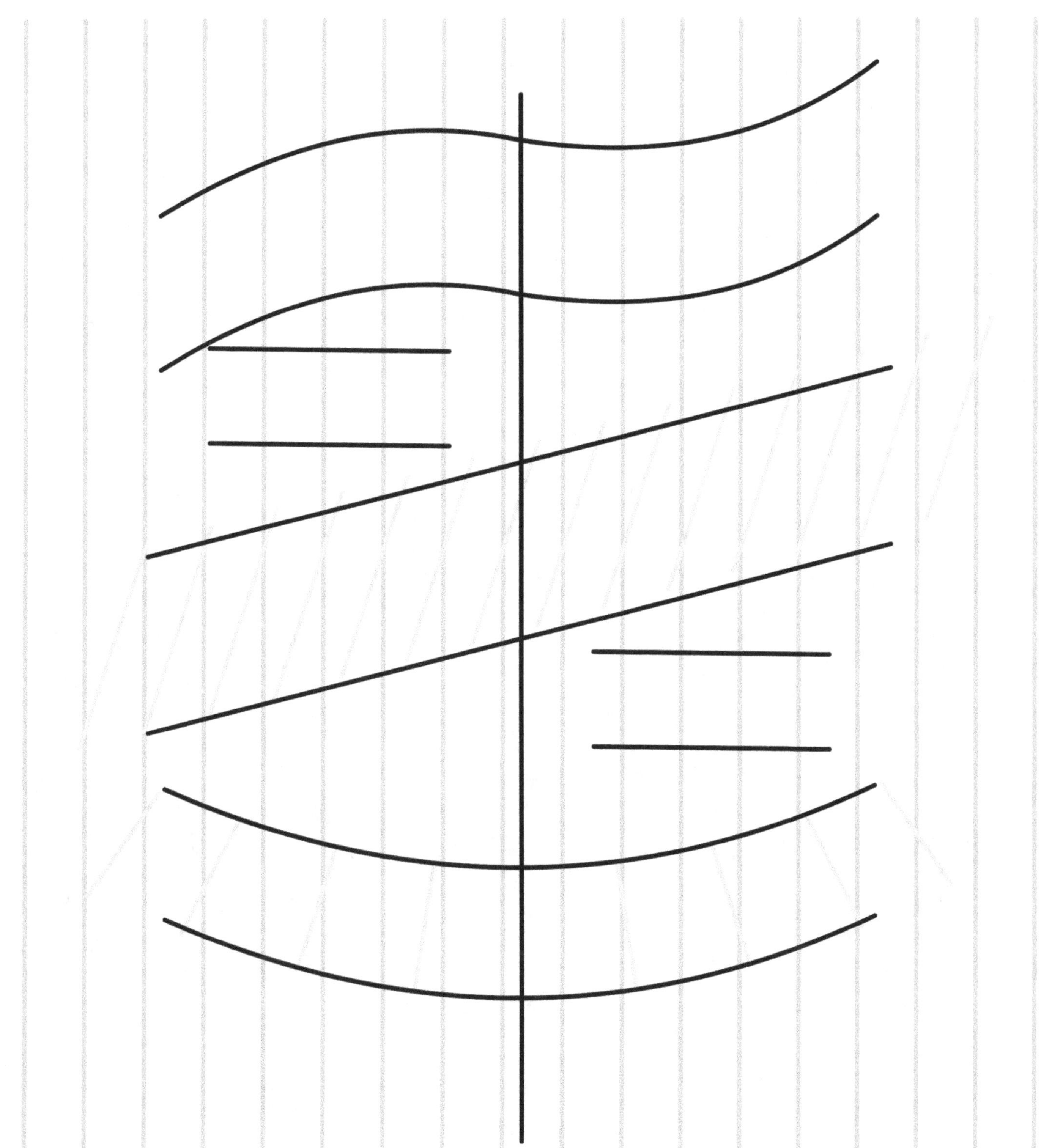

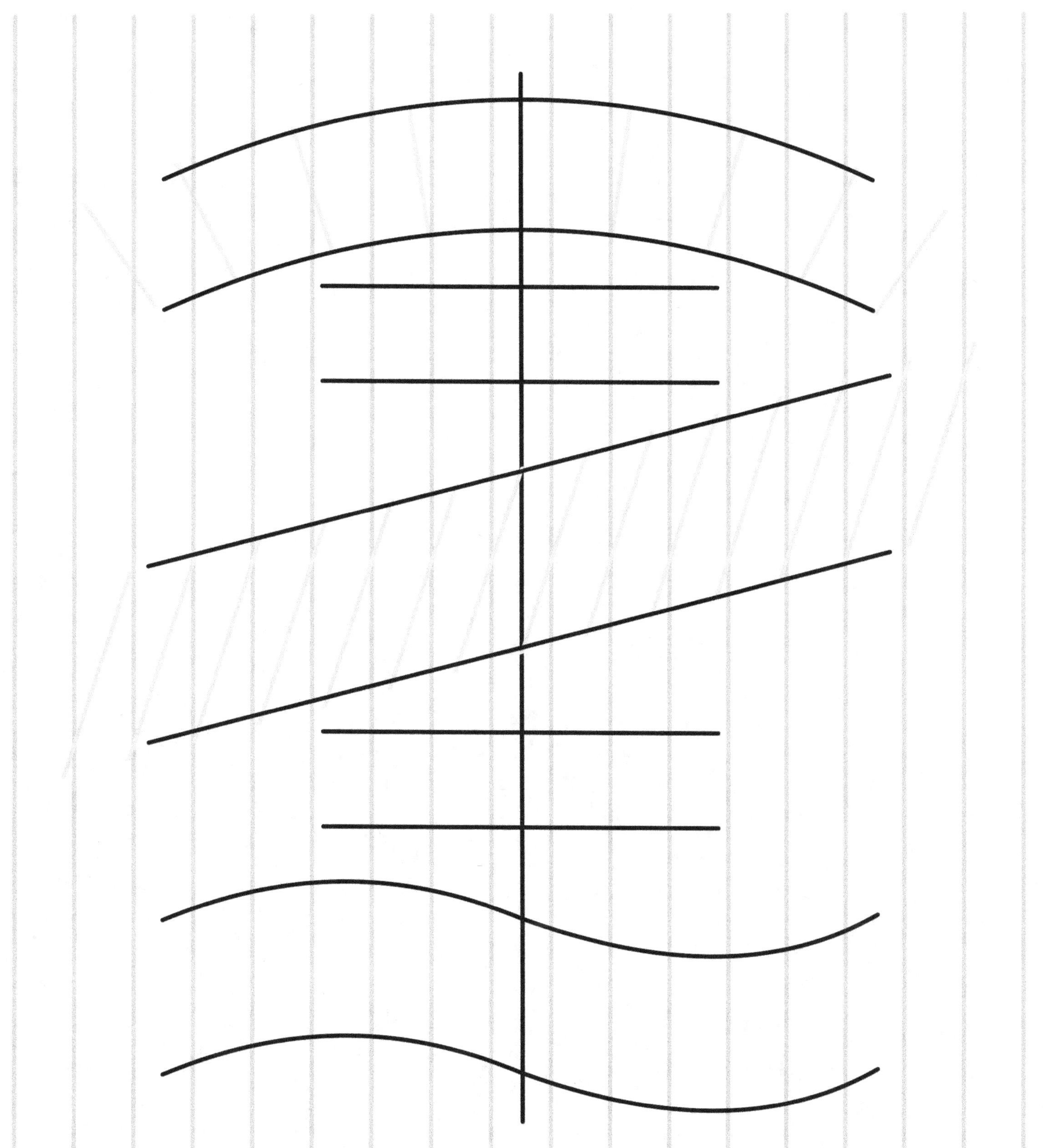